Im Netz des Täuschers

—

Ein Rosenheim-Thriller

Peter Brand

Wieken-Verlag

Die Deutsche Nationale Bibliothek verzeichnet diese Publikation in der Deutschen Nationalbibliographie;
Detaillierte bibliographische Daten sind im Internet über http://dnb.de abrufbar.
Bilder (c): Cover: Mann – Mohammed Hassan via pixabay.com;
Netz – geralt via pixabay.com
Trennbild: GDJ via pixabay.com
Titelgestaltung: Martina Sevecke-Pohlen

Wieken-Verlag Martina Sevecke-Pohlen
Fenderstr. 1, 26817 Rhauderfehn
info@ wieken-service.com

ISBN gebundene Ausgabe 978-3-943621-71-6
ISBN Tachenbuch Amazon 978-3-943621-69-3
ISBN Taschenbuch Buchhandel 978-3-943621-70-9
ISBN E-Book mobi 978-3-943621-67-9
ISBN E-Book EPUB 978-3-943621-68-6

Inhaltsverzeichnis

Dies ist eine fiktive Geschichte — 7
Zitat — 9
Dienstag, 2. August, 21.37 Uhr — 11
Samstag, 30. Juli, Lissabon, 09.13 Uhr Ortszeit — 13
Dienstagabend, 2. August. Rosenheim — 15
Mittwoch. 02.07 Uhr. Nachtaktivität — 19
Rosenheim. Dienstagabend — 21
Mittwochmorgen. Gruppe Nord — 25
Rosenheim, 3. August, gegen Morgen — 27
Hannover — 31
Riedergarten. Rosenheim — 33
Archivstraße 2, Hannover — 34
Rosenheim. Begegnung im Park — 38
Hannover, Neustädter Markt — 41
Rosenheim, Café Weth — 44
Hannover — 46
Wangerland, Nordseeküste — 47
Hannover, Chaos — 49
Rosenheim, wenig später — 52
Martina und Antje, 15.03 Uhr — 56
Detektei Warthens, 15.00 Uhr — 60
Hannover, Waterloostraße — 64
Rosenheim, Ludwigsplatz. 15.25 Uhr — 66
Hannover, Polizeidirektion, 15.29 — 69
Rosenheim, Sylvie — 74
Burghard. 15.45 Uhr — 79
Rosenheim, Detektei. 15.45 Uhr — 82
Hannover, JVA. 19.00 Uhr — 85
Mittwoch. 19.00 Uhr. Hannover / Rosenheim — 88

Mittwoch, 20.00 Uhr, Rosenheim — 90
Hannover, Donnerstag, 08.00 Uhr — 92
Rosenheim, Donnerstagmorgen — 94
Portugal, Lissabon. Donnerstag, 09.00 Uhr Ortszeit — 97
Hannover, Waterloostraße, 09.30 Uhr — 99
Hannover, 10.00 Uhr — 102
Rosenheim, 11.00 Uhr. Außenbereich Café — 105
Hannover, Waterloostraße 9, ZKD. 10.03 Uhr — 108
Rosenheim, 11.15 bei RoSi — 112
Hannover, Courtyard-Hotel. 11.38 Uhr — 115
11.30 Uhr. ZKD, Büro Burghard — 119
Rosenheim, Mangfalldamm. 11.55 Uhr — 121
Lissabon, deutsche Botschaft. 10.55 Ortszeit — 123
Hannover, Courtyard-Hotel. 12.00 Uhr — 125
Hannover, Maschsee. 15.04 Uhr — 128
Rosenheim. 15.53 Uhr — 133
Hannover, Klinikum. 16.04 Uhr — 137
Hannover, Courtyard-Hotel. 17.07 Uhr — 140
Lisboa, Aeroporto Humberto Delgado. 14.30 Uhr Ortszeit — 144
ZKD Hannover, Vernehmungsraum. 17.41 Uhr — 147
Frankfurt, Luftraum Flughafen/Main. 18.33 Uhr — 150
Hannover. 18.43 Uhr — 152
Rosenheim. 18.44 Uhr — 155
Frankfurt-Airport. 18.45 Uhr — 157
Hannover, Courtyard-Hotel. 18.47 Uhr — 158
Rosenheim, bei RoSi. 19.30 Uhr — 161
19.31 Uhr. ZKD Hannover — 164
20.08 Uhr. Rosenheim — 171
Frankfurt, Flughafen. 20.12 Uhr — 174
Neustädter Markt, Hannover. 20.14 Uhr — 176
Rosenheim. 20.15 Uhr — 178

Courtyard-Hotel. 21.20 Uhr — 181
23.00 Uhr. Rosenheim/Hannover/A 7 — 184
Freitag, 5. August. Hannover, Parkplatz Courtyard-Hotel — 187
16.10 Uhr — 190
7 Stunden zuvor, ZKD, 09.00 Uhr — 191
09.17 Uhr. Großraumbüro — 194
09.20 Uhr — 195
12.30 Uhr. Courtyard-Hotel — 196
16.10 Uhr. Polizeidirektion — 198
1,5 Stunden zuvor, Rosenheim. 14.40 Uhr — 201
16.17 Uhr. Polizeidirektion Hannover — 205
17.22 Uhr — 210
17.30 Uhr. Klinikum Hannover — 214
18.03 Uhr. Rosenheim — 215
Drei Wochen später — 217
Vier Monate später — 220
Über Peter Brand — 222
Rezepte — 223
Bücher im Wieken-Verlag — 226

Dies ist eine fiktive Geschichte. Handlung und Personen sind frei erfunden. Ähnlichkeiten zu lebenden oder verstorbenen Personen oder zu realen Ereignissen sind zufällig.

Staatskunst ist die kluge Anwendung persönlicher Niedertracht für das Allgemeinwohl.

Abraham Lincoln, 1809-1865 (ermordet), 16. Präsident der USA

Dienstag, 2. August
21.37 Uhr

Vom Bahnsteig stieg die gespeicherte Tageshitze auf. Vier Tage war Robert aus Rosenheim fort gewesen, und nun betrat er den Boden seiner Heimatstadt mit dem Gefühl, als hätte er Jahre im Ausland verbracht.

Mit zwei Stunden Verspätung war die Maschine aus Lissabon in München gelandet. Am Flughafen hatte er vor Müdigkeit befürchtet, er schaffe es nicht mehr bis zum Zug. Während der Bahnfahrt hatte er sich aber einigermaßen ausruhen können.

Auf dem Weg durch die Bahnsteig–Unterführung hetzten die Ankömmlinge wie auf einer Ameisenstraße in Richtung Bahnhofshalle und den Ausgängen zur Stadt. Handys an den Ohren, Koffer im Schlepptau. In der Halle sahen ihnen an den Stehtischen der Snackbars lümmelnde gelangweilte Männer zu. Es war wie überall auf den Bahnhöfen der Welt. Doch hier und heute konnte jemand unter ihnen sein, der Robert bereits erwartete.

Hätte er auch so genau hingesehen, wäre ihm in Lissabon nicht von einem mysteriösen Typ etwas angeboten worden, von dem er besser niemals erfahren hätte? Was zum Teufel hatte ihn bloß zu dieser Reise getrieben? Der Job hatte nach einem lukrativen Geschäft gerochen. Er hatte sich darauf gefreut, in Portugal Kurzurlaub und Business zu verbinden.

Vor dem Bahnhof standen ein paar Taxis in einer Reihe. Robert überlegte, ob er sich fahren lassen sollte. Nach dem stundenlangen Sitzen entschied er, sich mit dem Trolley zu Fuß auf den Heimweg zu machen. Bis jetzt war ihm niemand gefolgt.

Mit vierundfünfzig war Robert fit wie zwei Turnschuhe. Seit seine Mutter vor zwei Jahren im Familiengrab ihre letzte Ruhe gefunden hatte, war sein Körperfett langsam aber sicher geschmolzen wie Butter in der Sonne. Er wog so wenig wie zuletzt mit vierzig. Doch Mamas üppige bayrische Küche und ihre Schmalznudeln vermisste er schmerzlich.

Geschickt lüpfte Robert den Trolley über die Bordsteinkante und zog weiter über die Bahnhofstraße in die Innenstadt.

Den Auftrag hatte Robert noch in Portugal platzen lassen. Geld hin oder her. So etwas machte er nicht. Und diese Geheimniskrämerei erst! Dafür war er nicht auf private Rechnung nach Lissabon gedüst, in eine der schönsten Hauptstädte Europas. Wer war der Typ, den er im Vasco da Gama Shopping-Center getroffen hatte? Ein Deutscher, das war sicher.

Samstag, 30. Juli
Lissabon, 09.13 Uhr Ortszeit

Von einem Tisch im oberen Stockwerk des Cafés überblickte Robert das Treiben im Einkaufszentrum. Die Leute schlenderten in die Boutiquen oder aßen Snacks an einem Imbissstand. Im Café waren fast alle Tische besetzt. Noch war Frühstückszeit. Robert und der Mann, der mit an seinem Tisch saß, waren zwei von vielen unauffälligen, wenn auch Deutsch sprechenden Besuchern.

„Wenn Sie tun, was wir verlangen, haben Sie für Ihr Leben ausgesorgt", raunte der schwarzgekleidete Kerl. Beim Anblick dieses Man in Black hatte Robert beinahe gelacht. Noch dazu trug er eine dunkel getönte Brille. Der sah aus wie eine schlechte Kopie aus einem Agentenfilm.

„Hätten Sie mich nicht auch in Deutschland persönlich kontaktieren können?", warf Robert ein. „Wissen Sie, ich besitze Mail-Adressen und kann sogar telefonieren. Wäre das nicht einfacher gewesen? Sie schrieben, dass Sie Safety-Kurse für Ihre Mitarbeiter veranstalten wollen. Warum Lissabon?"

Der Mann lehnte sich zurück. Er nahm seine Brille ab und putzte sorgfältig die Gläser. Helle, blauschimmernde Augen verliehen ihm sogar etwas Sympathisches. Dunkle, fettige, streng zurückgekämmte Haare endeten in einem angedeuteten Pferdeschwanz im Nacken und machten diesen freundlichen Eindruck zunichte.

„Das waren zwei Fragen auf einmal, Herr Robeus", gab er sich gelassen. „Zu Frage eins: Nein, nicht in Deutschland, nichts online. Sie wissen doch selbst, wer oder was mithört und mitliest. Irgendwo, nur nicht dort, wo Ihre Arbeit stattfinden soll. Das hier hat also seinen Grund. Und zu Frage zwei: Lissabon ist nicht zufällig ausgewählt, genau richtig. Hier käme niemand auf die Idee, ausgerechnet einen zweitklassigen Ex-Polizisten zu observieren."

Robert zog seine kräftigen Brauen über der Nasenwurzel zusammen. Er richtete seine dunkelbraunen Augen mit entschlossenem Blick auf sein Gegenüber und beugte sich über das Tischchen. Seine Tasse glitt dabei gefährlich nahe an den Rand.

„Was soll das? Wenn Sie denken, ich sei zweite Wahl, warum bestellen Sie mich dann hierher? Was wollen Sie von einem in Ihren Augen zweitrangigen Ex-Bullen wie mir? Im Übrigen ist Ihr Angebot für die Kurse nicht gerade die Summe, die mir ein sorgenfreies Leben ermöglichen könnte, wie Sie so großzügig erwähnten."

Der Man in Black lächelte künstlich gequält.

„Überlegen Sie mal. Sie sind uns ..."

„Wer ist uns?", fing ihn Robert ab.

Unbeirrt ließ der Glattrasierte mit der leisen, sonoren Stimme eines Dokumentarsprechers Robert wissen, als Ex-Polizist und durch seine jetzige Firma sei er geschult, mit Waffen umzugehen. Und auch unauffällig genug für den Job.

„Waffen! Job?" Gerade noch konnte Robert seine Tasse vor einem sehr wohl auffälligen Sturz bewahren, der das Interesse auf sie gezogen hätte. Ein neugieriges Pärchen, das in der Nähe einen Tisch suchte und sich hörbar auf Deutsch unterhielt, ließ Roberts Tischnachbarn für einen Moment nervös werden.

„Nicht so laut, bitte, Herr Robeus. Glauben Sie mir, die Sache ist äußerst wichtig für unser Land."

Robert warf einen Blick hinauf zum gewölbten Glasdach der Shopping-Mall gegenüber dem Bahnhof Oriente. Wasser glitt gleichmäßig übers Dach, als wäre es ein Brunnen. Robert fiel das Wort Verschwendung ein. Genau wie seine Zeit, die er hier wohl vergeudete.

Das weitere Gespräch verlief in eine Richtung, die Robert mehr als missfiel.

„Auch wenn wir Sie nicht bezahlen würden", musste sich Robert anschließend anhören, „müssten Sie annehmen. Glauben Sie mir, Sie können nicht ablehnen."

Doch Robert lehnte ab. Abrupt beendete er das Gespräch. Zum Mörder würde er nicht werden. Um keinen Preis! Und warum sollte er sich nicht weigern können? Was wussten die über ihn?

Die Sache besaß einen zweiten Haken: Nun hatte er Wind bekommen von Plänen, von denen er niemals hätte erfahren dürfen.

Dienstagabend, 2. August
Rosenheim

Robert beschleunigte seine Schritte durch die Bahnhofstraße. Seit Samstag wähnte er sich in einer unbestimmten Gefahr. Er hatte das Gespräch in Lissabon abgebrochen, sich einen Mietwagen genommen und noch zwei Tage am Meer verbracht, um nachzudenken. Auch, um den Kerl in Schwarz abzuschütteln. Er konnte sich nicht sicher sein, dass ihm das gelungen war. Am Leuchtturm des Cabo Espichel am Atlantik hatte er den Verdacht gehabt, jemand sei ihm gefolgt. Dabei hatte ihm der betagte portugiesische Herr in Schwarz nur seinen auf dem Autodach vergessenen Mietwagenschlüssel nachgetragen.

Die Leute, für die der Mann in Lissabon agierte, operierten nicht im Licht der Öffentlichkeit. Der Typ im Café war nicht mit weiteren Einzelheiten herausgerückt. Arbeitete er für irgendeine geheime staatliche Organisation? Die Mission sei wichtig für unser Land, hatte er betont. Immerhin hatte Robert erfahren dürfen, dass er am siebten August, genau um elf Uhr, bei einer Rede des bayerischen Umweltministers auf dem Rosenheimer Max-Josefs-Platz mit einer noch zu erhaltenden Waffe anwesend sein sollte. Diese Forderung hatte Robert die Segel streichen lassen. Punkt! Warum hatten sie ihn ausgesucht, den ehemaligen Polizeibeamten? Ausgerechnet. In Portugal hatte er sich den Kopf zermartert, ob er sofort die Polizei in Rosenheim verständigen sollte. Irgendwie musste er die Tat doch verhindern. Aber was riskierte er dabei? Was hatten diese Leute gegen ihn in der Hand? Hatte er Steuern hinterzogen, jemandem geschadet, ohne es zu wissen? Solange er keine Ahnung von deren Möglichkeiten besaß, konnte er nichts unternehmen, ohne sich selbst zu gefährden. Allein sein Wissen um eine geplante Straftat machte ihn zur Zielscheibe. Zudem wusste er, wie der Hintermann aussah und wo er zu finden war.

Er bog nach rechts in die verkehrsberuhigte Münchener Straße ein und erreichte bald den Max-Josefs-Platz. Fußgängerzone. Die Turmglocken der Nikolauskirche schlugen zehn. Ab jetzt ruhten sie für die Nacht. Bis zu seiner Wohnung lief er sicher noch mindestens zwanzig Minuten. Er entschloss sich nun doch, in ein Taxi zu steigen. Aber wo fand er hier eins? Er erinnerte sich, dass vor dem Haus an der Stollstraße immer Taxis standen. Sein Trolley ratterte laut übers Kopfsteinpflaster. Robert fürchtete, die Kofferrollen würden das Holpern nicht mehr lange durchhalten. Für einen Moment stoppte er. Im Gegensatz zum lärmenden, pulsierenden Leben auf Rosenheims großem Marktplatz war es hier unheimlich still. Unheimlich und still.

Robert horchte. Aus einem Brunnen mit Bronzevogel plätscherte Wasser in einen Trog. Jetzt begriff er, wohin es ihn verschlagen hatte: neben die Ölberg-Kapelle an der Kirche! Dieser Platz abseits des Treibens lag da wie ausgestorben. In Gedanken war er statt zum Taxistand in die entgegengesetzte Richtung gelaufen.

Klappern, Schritte, Wortfetzen durchbrachen die Stille. Ein Licht flammte auf. Über die Seitenwand der Kapelle wanderten lange Schatten.

Robert duckte sich hinter den Brunnen und beobachtete, wie eine Gruppe junger Leute lautstark auf den gepflasterten Platz neben der Kapelle einzog. Die Frauen trugen überwiegend kurze Kleider, die Männer Shorts oder leichte Hosen und gut geschnittene T-Shirts mit einem Aufdruck, den Robert nicht entziffern konnte. Sie plapperten durcheinander. Italienisch? Eher Latein. Robert strengte sich an, wenigstens ein Wort zu verstehen.

„Morituri." Echt jetzt? Worte, die etwas mit Tod zu tun hatten? Oder er hatte sich verhört, die hatten Durst und lechzten nach Bier.

Im Schein der Straßenleuchte konnte er ein paar der Gesichter sehen. Junge, gesunde, unverbrauchte Gesichter. Abiturienten, die mit Verspätung ihr Reifezeugnis feierten? Der Kreis bewegte sich nicht mehr. Ein junger Mann trat in die Mitte, legte seine Hände im Rücken übereinander und schaute in die Runde.

Eines der Mädchen verkündete feierlich: „Unsere Freunde sind unterwegs."

Zufrieden nickte der Anführer.

„Wir machen weiter. Die Zeiten des Experimentierens sind vorbei."

Die anderen nickten und murmelten Zustimmung, bevor sie zum Ludwigsplatz weiterzogen.

Jemand im zweiten Stock über einem Büroeingang knallte ein Fenster zu. Wie ein Schuss hallte es über den Platz. Lichter in ein paar Wohnungen gingen an, dann wieder aus, und Jalousien rollten geräuschvoll die Führungsschienen hinab.

Das Brunnenwasser klatschte laut in den Trog. Robert klopfte sich den Staub von der Hose und machte sich auf den Weg zum Taxistand.

„Das sind ja Herzchen", sagte er halblaut zu sich selbst.

Er hörte Schritte. Laufen. In einer Seitengasse keuchte jemand. Es war ein hohes, pfeifendes Keuchen, das näher kam.

Ohne Vorsicht schoss eine junge Frau um die Ecke und rammte Robert mit voller Wucht. Panisch quietschte sie auf, knickte ein wie ein Sack und klatschte aufs Pflaster. Mit schmerzverzerrtem Gesicht hielt sie sich den linken Arm. Anscheinend kam sie nicht mehr von selbst auf die Beine.

Robert spürte ihren Schlag mit dem Ellenbogen in der Magengegend. Der Hohlraum hinter seinen Bauchmuskeln schrumpfte und dehnte sich wie ein verschluckter Luftballon.

„Haben Sie sich was gebrochen?", fragte er nach Atem ringend. „Müssen Sie, wie sich mein Magen anfühlt."

„Scheiße!"

„Genau."

Sie sahen sich an. Die Frau war klein, rundlich, pausbäckig und sicher noch keine fünfundzwanzig. Sie trug ein kurzärmeliges, schwarzes Shirt ohne Aufdruck. Ihre orangerot getönten Haare standen in spitzen Türmchen ab, und am linken Nasenflügel glänzte ein Silberring. Ihre unwirklich großen, tiefblauen Augen bekamen Tränenbesuch. Hilfsbereit bot Robert ihr die Hand. Sie seufzte und nahm das Angebot an. Robert zog an ihrem Arm und bemerkte, dass sie für ihre Größe ein ziemlich schwerer Brocken war.

„Wieso sind Sie gerannt?", erkundigte er sich. Vielleicht gehörte sie zu denen von vorhin. „Werden Sie verfolgt?"

„Nö, ich jogge immer um diese Zeit!"

Robert konnte wieder normal atmen. Der Schmerz im Magenbereich ließ nach. Prüfend sah er auf die roten Schuhe der Frau. Konnte sie damit wirklich so schnell laufen? War der kleine Unfall Absicht? Schickte sie der Mann aus Lissabon? Oder wollte sie mit den Dingern nur auffallen?

Sie verschränkte ihre Arme. An zwei Fingern trug sie gigantische Silberringe.

„Sie bluten." Ihr Ellbogen war aufgeschürft.

„Weiß ich", raunzte sie. Sie schüttelte ihren Kopf, als müsse sie sich vom Schreck durch den Zusammenstoß befreien. Mit ergebenem Augenaufschlag sah sie zu Robert auf. „Ach Scheiße, tut mir leid. Ich weiß, ich bin schuld. Ich heiße Sylvia. Aber alle sagen Sylvie."

Sie ließ ein gekünsteltes Lächeln folgen und hielt ihm die rechte Hand zum Gruß hin. Noch einmal drückte Robert die heiße, leicht schwammige Hand der jungen Frau. Sie besaß kleine, kindliche Hände. Schmucksteine bohrten sich in seine Fingerkuppen.

„Okay?"

Er nickte.

„Okay! Ich bin Robert."

„Du bist wohl keiner von hier?"

Obwohl das nicht stimmte, fragte er zurück: „Merkt man das?"

„Klar." Sie zeigte auf das portugiesische Wappen auf seinem Hemd, das er sich in Lissabon gekauft hatte.

„Woher kommst du? Südamerika?"

„Schmarrn. Ich gehöre schon hierher."

„Na dann mal zu. Verschwinde lieber."

„Wieso?"

„Ist doch egal. Man sieht sich! Tschüss." Sylvie humpelte über den Platz, ohne sich noch einmal umzudrehen. Man sieht sich? Wann? Wo?

Noch immer leicht angeschlagen kam Robert in der Stollstraße an. In der Nähe der Stadtbibliothek fand er ein freies Taxi. Der Fahrer fragte, wohin es gehen sollte. Robert zögerte. Nach Hause? Was, wenn der Typ aus Portugal seine Leute angewiesen hatte, den Mitwisser eines geplanten Attentats in seinem Zuhause zu beseitigen?

Er nannte die Adresse seiner besten Freundin. Sie würde ihn sicher erstmal bei sich übernachten lassen.

Mittwoch. 02.07 Uhr.
Nachtaktivität

An der Nordseeküste bei Schillig, dem Badeort in der Gemeinde Wangerland, versammelten sich fünfzig zum Großteil junge Frauen und Männer am Strand. An der äußersten Nordost-Spitze der ostfriesischen Halbinsel waren Kunststoffteile angeschwemmt worden, die vom Mond beschienen in der sanften Brandung schaukelten. Der Teppich aus Plastikwaren erstreckte sich auf einer Länge von mindestens zweihundert Metern. Wie weit er noch ins Meer hinaus reichte, konnten die jungen Leute nicht genau ausmachen. Sie fürchteten, dass hier nur der Bruchteil einer Containerladung schwamm, die beim letzten Sturm über Bord gegangen war. Aller Voraussicht nach trieben zwanzig oder dreißig weitere Ladungen draußen herum und landeten, wenn es gut ging, irgendwo an den Stränden oder im Watt, wo man sie aufsammeln konnte. Wenn es schlecht lief, sank die Ware auf den Meeresboden und begab sich allmählich in die Nahrungskette bis hinein in Fischstäbchen.

Caruso, die Gruppe nannte ihn wegen seiner wohlklingenden Stimme so, verteilte Müll-Greifer, Eimer und Kescher an die Mitglieder der nächtlichen Versammlung. Viele waren in Wathosen angetreten, um Plastikteller von den anrollenden Wellen zu fischen. Ein Pärchen hatte ein Fischernetz dabei und kreiste damit wie tote Quallen ans Ufer treibende, luftleere Sexpuppen ein.

Die Nacht war warm. Trotzdem wehte ein kräftiger Wind, der letzte Rest des für August ungewöhnlichen Sturmtiefs, und drückte weitere Erdöl- und Latexprodukte an Land. Sie mussten sich beeilen, den größten Teil davon zu bergen. Wenn der Wind drehte und den schwimmenden Müll aufs offene Meer zurückdrückte, war es zu spät für eine Rettungsaktion. Wenn sich das Wasser bei Ebbe zurückzog, blieben die schweren Teile im Watt stecken, dem sie mühsam zu entreißen waren.

Einzig der Gestank nach Schweinegülle, der sich breitmachte, bremste die Aktion ein wenig. Der eine oder die andere musste sich zwischendurch in den Sandstrand übergeben. Ein Gülletransport von Niedersachsen nach Mecklenburg-Vorpommern war mal wieder in die Hose gegangen — oder war in den Sand gesetzt worden, um im Bild zu bleiben.

Nach zwei Stunden stand der Lastwagen zum Abtransport des Treibguts bereit. Campingteller, Kondome und Sexspielzeug aller Art und Größe hatten sie dieses Mal geborgen. Manchmal fanden sich auch Zahnbürsten, medizinisches Kleingerät wie Plastikspritzen und Urinbecher. Trotz der ernsten Lage und der anstrengenden Arbeit kam deshalb immer wieder Heiterkeit in der Gruppe auf. Ihr Anliegen sollte ja auch Spaß machen. In sozialen Netzwerken tauchten bald Bilder von algenumschlungenen Vibratoren und bis zum Platzen mit nassem Sand gefüllten Kondomen auf.

Unter großem Jubel lenkte Caruso den Kipp-Laster auf die Inselstraße. Wegen des nächtlichen Lärms gingen im nahen Hotel viele Lichter an.

Während der Fahrt nach Hannover, wo Caruso und seine Beifahrerin Antje das Strandgut vor dem Umweltministerium abladen würden, fiepte Antjes Smartphone. Josef aus Bayern hatte ihr eine Nachricht gesendet. Die Fotos aus München zeigten eine Feuerwehr, die organische, landwirtschaftliche Abfallprodukte mit einem Schlauch von einem Platz spritzten. Untertitel: Aktion erfolgreich! Und ihr?

Rosenheim. Dienstagabend

Roberts Firma lief auch ohne ihn optimal. Fünf Angestellte erledigten die Jobs, die Robert früher, bald nach seinem Polizeidienst, selbst getan hatte. Seine private Schule für Eigensicherung kam gut an. Auf der Straße fühlten sich seine potentiellen Kunden schutzlos. Auch wenn das Gefühl der Bedrohung oft nur subjektiv in den Köpfen herumspukte, gab es vielen doch eine gewisse Sicherheit, wenn sie wussten, wie sie sich im Fall des Falles zu wehren hatten. Robert konnte sich auf seine Leute verlassen. Aufträge hatten sie für Jahre hinaus abzuarbeiten. Robert Robeus' Name bürgte für saubere Arbeit und Qualität. Er hatte sich mal den Spaß gemacht, die Anfangsbuchstaben seines Namens und seiner Heimatstadt zu verbinden, doch der Markenname RoRoRo war freilich schon lange vergeben. Schließlich war er auf die Idee mit dem Namen RoSi gekommen, Rosenheimer Sicherheit.

Gesteigertes Interesse an Sicherheit und Eigenschutz ließ seine Kasse klingeln. So hatte er sich die Freiheit genommen, einfach mal nach Lissabon zu düsen, einen Auftrag abzulehnen, um anschließend zwei Ferientage in Portugal zu verbringen. Schöner Mist! Er hatte sich in eine Lage manövriert, die es ihm augenblicklich kaum ermöglichte, in seine Wohnung oder seinen Laden zurückzukehren.

Hotel? Nein. Dort wurde man registriert, und bei der Frage nach der Adresse des Gastes würden sicher seltsame Blicke geworfen. Was machte einer, der um die Ecke wohnte, in der nahen Herberge? Wohl von der Alten rausgeworfen, was? Und die Leute, die hinter dem geplanten Anschlag steckten, würden seinen Aufenthaltsort in einem Hotel treffsicher aufspüren. Seine Identität hatten sie ja auch sehr genau recherchiert.

Ramona war seine Rettung! Das verrückte Huhn war in ihn verliebt wie ein Teenie in einen Rockstar. Mit einem Promi konnte er aber sicher nicht mithalten. Robert hatte ihr einst klar zu verstehen gegeben, dass aus ihnen nichts Festes werden konnte. Ramona verzieh ihm – und gab die Hoffnung nicht auf.

Die Frau mit der üppigen Haarpracht öffnete nach Roberts Klingeln und riss erfreut ihre ohnehin riesigen Kulleraugen auf.

„Robby!“ Ihre Stimme quietschte wie Kreide auf der Tafel. Zu Roberts Erleichterung fuhr sie den Ton gleich zurück. „Ewig nicht gesehen.“

Robert versuchte ein gewinnendes Lächeln.

„Genau“, sagte er und nickte übertrieben, „ich dachte, ich besuch dich mal.“

Ramona wippte nach der Überraschung freudig auf ihren nackten Füßen.

„Komm erstmal rein.“

Dass Robert sie und ihre Wohnung im achten Stockwerk des Hochhauses an der Innsbrucker Straße nur zum vorübergehenden Verschwinden brauchte, darüber zeigte sich Ramona wenig enttäuscht. Er kam ohnehin nur, wenn er etwas brauchte, da machte sie sich nichts vor. Und so riss ihr Kontakt zu ihm nicht ab.

„Ich bin ja nicht neugierig“, begann Ramona und lächelte verschmitzt, „aber steckt eine Frau dahinter, dass du’s dir bei mir bequem machen musst?“

Robert spielte mit.

„Viel schlimmer!“

„Was kann schlimmer sein, als eine Frau? Ich ausgenommen natürlich.“

Um Zeit für eine freundlichere Antwort zu gewinnen, als die, die ihm auf der Zunge lag, schabte Robert über seinen Dreitagebart.

„Es ist nur eine Vorsichtsmaßnahme. Ich weiß deine Gastfreundschaft natürlich zu schätzen.“

Gespielt beleidigt verzog Ramona ihr fünf Jahrzehnte junges Gesicht, das natürliche Fältchen um den Mund und an der Stirn aufwies. Ihre zurzeit blonde, wallende Mähne verstärkte den Eindruck, sie sei wesentlich jünger.

„Wenn du mir Miete zahlen willst, bin ich aber sauer, das sag ich dir.“

„Na ja, umsonst …“

„… ist der Tod, und der kostet’s Leben. Ich kenn die Floskel.“

Ramona rückte an den müde in der Couch hängenden Robert heran.

Früher einmal hatte er es sich gefallen lassen, wenn sie ihm auf die Pelle gerückt war. Es war Spaß gewesen, nichts weiter. Aber er hatte die weiblichen Gefühle dabei unterschätzt. Ramonas Klammern danach war ihm unheimlich, wobei er doch nur

Sex mit ihr gehabt hatte, guten, und öfter als einmal. Aber eben nur. Seit mehr als zwei Jahrzehnten wusste Robert nun, dass eine Frau wie Ramona anders tickte als er, ein Mann, der Spaß mit ihr haben wollte. Mehr nicht. Sie waren dennoch Freunde geblieben, was an ein Wunder grenzte, wenn er bedachte, wie oft so etwas in seinem Freundeskreis schon in elenden Dramen geendet hatte. Ewige Feindschaft inklusive.

„Ramona, ich komme soeben aus Portugal zurück. Ich bin hundemüde“, wehrte er ihr Anschleichen vorsichtshalber ab.

Ramona hielt inne.

„Ich wollte dir nur ein wenig den Nacken massieren.“

„Ein Bier wäre mir lieber.“

Er merkte, dass er zu schroff geworden war und ruderte zurück: „Zur Massage. Und was kann ich dir Gutes tun?“

„Meine Neugier endlich befriedigen. Also, warum bist du hier?“

Ramona eilte in die Küche, und Robert hörte, wie ein Kronkorken offenbar in die Spüle schepperte.

„Hier. Ist aber bleifrei. Hab kein anderes.“

Er hielt sich damit zurück, Ramona jede Einzelheit über den Auftrag auf die Nase zu binden. Da sie ihm Unterschlupf gewährte, sollte sie aber wenigstens ungefähr wissen, warum.

„Und da ich jetzt weiß, was da läuft, bin ich womöglich eine Gefahr für die.“

„Warum gehst du nicht zur Polizei?“

Robert nahm einen langen Schluck aus der Flasche, um sich Zeit für eine Antwort zu verschaffen.

„Hm“, machte er anschließend und betrachtete das Flaschenetikett wie einen spannenden Text. „Ich weiß eben nicht, ob das richtig wäre.“

Ramona stupste ihn in die Seite und zog ihre Beine auf die Couch. Zuhause lief sie sogar im Winter barfuß, was Robert erstaunlich fand, weil die meisten Frauen, die er kannte, ständig über kalte Füße klagten. Ramona anscheinend nicht.

„Oh Mann, Ramona. Ich muss in Ruhe darüber nachdenken, was ich nun tun werde. Deshalb bin ich ja hier.“

„Schade.“

„Was?"

„Nur nachdenken ist langweilig", lockte sie ihn aus der Reserve.

Robert versuchte, ein paar Zentimeter mehr Abstand zwischen sich und Ramona zu legen. Sie rückte nach.

„In meinem Trolley sind noch ein paar frische Sachen", ächzte er und erhob sich von der Couch. „Kann ich duschen und mich umziehen?"

Die Frage war eigentlich überflüssig.

„Klar. Soll ich dir den Rücken …?"

„Nein."

Robert fand, direkt zu sein, wirkte bei Ramona am besten.

Mittwochmorgen. Gruppe Nord

Auf Antjes Smartphone überschlugen sich die Botschaften. Caruso lenkte den Laster mit Plastikmüll auf den nächsten Parkplatz. Das ständige Klingeln machte ihn nervös – und neugierig.

Antjes schräg stehende Augen leuchteten im Schein des Displays. Sie gähnte. Nicht, weil sie müde war. Die Aufregung übermannte sie. Die junge Frau mit Down-Syndrom hielt Caruso ihr Smartphone vor die Nase.

„Sie haben alle mitgemacht."

Antje lächelte zufrieden.

Caruso nickte anerkennend. Die Hessen hatten einen Wald gesäubert, die Sachsen und Thüringer Flüsse und Bäche. Eine der französischen Gruppen schickte Grüße aus Les Goudes, einem Ort an der Côte d'Azur südlich von Marseille. Die Fotos eines am Auslaufen gehinderten Schleppnetz-Trawlers stimmten Antje fröhlich. Da Caruso ihr das Smartphone abnahm, um die Nachrichten selbst zu lesen, klatschte sie ein paar Mal ihre Hände zusammen und kicherte vor Freude.

Auch Caruso schmunzelte. Sie wehrten sich. Aus einem immer schlimmer werdenden Alptraum waren sie aufgewacht und stemmten sich dagegen. Die jungen Leute, viele mit Kindern, ließ die Zukunft nicht kalt. Niemand wusste, wohin ihre Aktionen und Aktivitäten führen würden. Aber sie waren schon weit gekommen. So weit, dass sie für einige Kräfte im Land als Gefahr für deren Macht galten. In öffentlichen Diskussionen waren sie angefeindet worden, und der eine oder andere Drohbrief unbekannten Ursprungs war in ihrer Mailbox aufgetaucht.

Das machte nicht nur Caruso und Antje sogar ein bisschen stolz. Sie wurden ernst genommen.

Anders als etablierte Umweltorganisationen hatten sie das Ziel, aus dem Untergrund in offizielle politische Ämter zu kommen. Man musste das System mit seinen eigenen Waffen schlagen, es unterwandern, ihm zunächst nach dem Mund reden, Applaus heischend. Danach konnten sie handeln wie geplant.

Natürlich wussten Caruso und die anderen, dass in ihren Reihen auch ein paar Spinner agierten, die radikal und gewalttätig sein konnten. Gewalt aber schlossen sie kategorisch aus. Ihre Satzung verbot in einem der ersten Paragraphen, Gewalt gegen Menschen und Tiere anzuwenden, sie zu verletzen oder ihnen zu schaden. Wer sich nicht daran hielt, der musste gehen. Gut, wenn sie den Abfall der Industrie vor den Ministerien abluden, um Zeichen zu setzen, interpretierten das ihre Gegner als Gewalttat. Damit konnten Carusos Leute leben. Die Gruppen wollten nicht missionieren oder belehren. Sie taten, was sie für richtig hielten. Und bald würden sie als politische Partei zugelassen.

Dann war der Weg frei.

Caruso fuhr zurück auf die Landstraße, und ein paar Minuten später auf die A 7. Hannover war nicht mehr weit.

Rosenheim, 3. August
Gegen Morgen

Ein Lichtstrahl kitzelte Roberts Nase. Er lag in einem fremden Bett und musste herzhaft niesen. So schnell war er selten hellwach geworden. Jetzt sah er auch, warum seine Nasenschleimhaut verrückt spielte. Millionen Staubteilchen tanzten im Licht, das durch den Spalt der beiden Vorhänge am Fenster fiel. Er bewegte die Bettdecke, und wieder wirbelte Staub ins grelle Morgenlicht.

Das Bett knarzte bei jeder leichten Bewegung, ein schmales Gästebett, das Ramona und er gestern Abend mitten im Wohnzimmer platziert hatten. Die Nacht war sommerlich warm gewesen, und Robert hatte schlecht geträumt. Von Wesen mit Hörnern, die in Rosenheim einfielen, Fackeln tragend und wilde Schreie ausstoßend wie Perchten, die mit ihren Teufelsmasken während der Raunächte böse Geister und den Winter austrieben. Das mit den Perchten funktionierte immer, der Winter ging jedes Jahr vorbei. Niemand wusste, wer sich hinter den Masken verbarg. Die Maskenträger versteckten sich hinter ihrer Anonymität, um den Zuschauern des Spektakels und vor allem den Wintergeistern Furcht einzujagen. Robert wollte niemanden erschrecken. Aber aufwecken!

Er hatte keine Ahnung, wie spät – oder besser wie früh es war. Am Lissabonner Flughafen hatte er sein Smartphone ausgeschaltet und es seitdem nicht wieder aktiviert. Niemand sollte es und damit auch ihn orten können.

Die Sonne stand noch so tief, dass sie ihn hatte wachküssen können. Zuerst musste er also richtig wach werden.

Sanft klopfte er an Ramonas Schlafzimmertür, hörte pfeifendes Schnarchen und grinste. Getrennte Betten sind unheimlich förderlich für einen gesunden, ruhigen Schlaf, ging ihm durch den Kopf, und trotzdem hatte er keinen gehabt. Er ließ es bleiben, die Tür zu öffnen. Kaffeemachen schaffte er gerade noch selbst.

Ramonas alte Kaffeemaschine zischte und dampfte wie ein durchgeknalltes Kernkraftwerk. Aber der Duft allein half Roberts Geist, sich wach zu melden. Ob das so erfrischend wie erhofft war, bezweifelte er. Sofort war der Alptraum, in den er geraten war, in voller Montur um ihn herum und quälte ihn mit aktuellen Erinnerungen. Portugal! Eigentlich ein herrliches Land. Was ihn dort hingeführt hatte, hatte sich als wenig prachtvoll entpuppt. Warum er, Robert Robeus? Ex-Bulle und Sicherheitstrainer? Wie waren die auf ihn gekommen? Und: Wer waren die? Fragen, auf die er keine Antworten fand.

Daten über ihn, und dass er früher Polizist war, wurden sicher irgendwo gespeichert. Alle Ex-Streifentypen waren registriert und bestimmt in irgendeiner Sonder-Schublade verwahrt, damit sie nichts anstellten, keine Geheimnisse und Interna unters gemeine Volk trugen, Dinge, von denen niemand erfahren durfte. Wie ging man wirklich bei Ermittlungen vor, wie bei Observierungen. Was passierte tatsächlich bei Vernehmungen, welche Fragen wurden wie gestellt, um Verdächtige und Zeugen aus der Reserve zu locken. Nichts durfte nach draußen dringen, um die Verbrecher zu warnen. Nichts, was anders war, als in Krimis gezeigt und geschrieben wurde. Robert war und blieb Geheimnisträger. Ein Leben lang.

„Leck mich am Arsch", stieß er halblaut aus.

„Was hab ich getan?" Ramona, im Bademantel und mit erbarmungswürdig zerknautschtem Gesicht stand hinter ihm. Ohne sichtbares Ergebnis raffte sie ihre Haarpracht zusammen.

„Sorry, Ramona. Warst nicht gemeint."

„Hoffentlich. Sonst kannst du meinen Kaffee nämlich mit Strohhalm trinken."

Robert wischte den Gedanken an einen Zahnverlust durch Ramonas Faust aus seiner Fantasie.

„Die Situation nervt mich eben."

„Ja, mich nervt das frühe Aufstehen auch immer. Was machst du denn um diese Zeit?"

„Kaffee."

Robert schielte zur Küchenuhr. Es war erst kurz vor sieben. Vor neun kam seine Gastgeberin wohl selten aus der Falle. Er konnte ja nichts dafür, dass ihre Maschine das ganze Haus aufweckte.

Der Filterkaffee schmeckte allerdings herrlich. Das Koffein trieb ihn an und bestärkte ihn in seinem Entschluss. Er wusste aber auch, wie die Polizei reagieren würde.

Dass es tatsächlich noch einen öffentlichen Münzfernsprecher in der Stadt gab, half dabei ungemein. Ramona lieh ihm eine alte, schmuddelige Baseballkappe und ein Paar Stoffhandschuhe. Auf keinen Fall wollte er Fingerabdrücke auf dem Apparat hinterlassen. Wenn sein Anruf zurückverfolgt wurde, inspizierte man das Sprechgerät nach Spuren. Er hatte keine Ahnung, ob sein früherer Arbeitgeber seine Abdrücke oder DNA gespeichert hatte, um sie im Falle eines Falles abgleichen zu können.

Hundert Meter vor dem Münztelefon setzte er sich die Kappe auf und zog sie tief in die Stirn. Welche Plätze und Straßen mit Kameras überwacht wurden, ließ sich nie mit Sicherheit sagen.

Womöglich würde sogar Leopold am Apparat sein. Mit seinem ehemaligen Kollegen war er jahrelang Streife gefahren. Jetzt saß er im Innendienst. Oft hatten sie in Nachtclubs, oder noch früher in Discos nach Jugendlichen Ausschau gehalten, die sich spät nachts dort nicht aufhalten durften. Leopold hatte immer den guten Cop gemimt, während Robert sich als Hardliner ausgegeben hatte. Irgendwann hatte sich die Rollenverteilung mehr oder weniger unbewusst ergeben. Robert hatte sich nach seiner Verabschiedung aus dem Beamtenstatus oft gefragt, was das über seinen Charakter aussagte. Selbst sah er sich nicht als knallharten Typen. In Uniform war er einfach in eine Rolle geschlüpft.

Nach zweimal Klingeln meldete sich in der Polizeiinspektion Rosenheim korrekt ein Polizeihauptmeister Dandlberger. Um seine Stimme zu verfälschen, hielt sich Robert die Hand vor den Mund. Den Herrn am anderen Ende der Leitung informierte er über das, was in Rosenheim – im unbedeutenden Rosenheim am südlichen Arsch der deutschen Welt—geschehen sollte.

„Mein Name tut nichts zur Sache. Ich weiß aus sicherer Quelle, dass der Umweltminister bei seiner Wahlkampfrede am Sonntag in Rosenheim in großer Gefahr schwebt. Es ist ein Attentat auf ihn geplant. Nehmen Sie diese Warnung ernst!"

Robert hängte den Hörer ein, sah sich um und tat gelangweilt, als warte er auf einen Kumpel.

Im Riedergarten, dem Park in der Nähe der Nikolauskirche, ließ er sich auf eine schattige Bank fallen. Am liebsten hätte er jetzt eine geraucht wie zu Polizeizeiten. Dass das seine Nerven auch nicht beruhigt hätte, sagte ihm sein Verstand. Die anderen Teile seines Körpers lechzten nach irgendeiner Befriedigung, nach einer Belohnung für das, was er soeben getan hatte. Alkohol? Es war knapp zehn Uhr am Vormittag. Junge!

Die Sonne knallte nun gnadenlos auf die Stadt, und Robert war froh, im Schatten zu sitzen. Er nahm die speckige Kappe ab und kratzte sich die juckende Kopfhaut. Hoffentlich war die Kopfbedeckung kein Nest für seltsames, winziges Getier.

Er wollte sie schon in den Mülleimer neben der Parkbank stecken, als ihm einfiel, selbst das könnte ihm zum Verhängnis werden. Wusste er denn, ob in der Umgebung des Münzfernsprechers nicht bald Zeugen befragt wurden, die ihn beschreiben konnten? Dass er um zehn herum auf dieser Bank saß und seine Mütze in den Korb geworfen hätte, eine Mütze mit seiner DNA, (wenn auch mit Milben und Kopflauseiern)?

Zögernd holte Robert sein Smartphone aus der Brusttasche seines Hemds. Zum ersten Mal seit Lissabon nahm er es wieder in Betrieb. Gefühlte hundert Nachrichten piepten ihn an. Kurzentschlossen drückte er seine eigene Firmennummer.

„Fabian? Ich bin's. Ist im Laden alles okay?"

Hannover

Der Lastwagen mit dem Plastikmüll aus der Nordsee rollte langsam durch die 30er-Zone.

Antje schaute aus dem Seitenfenster. Interessiert betrachtete sie die am Straßenrand aufgeständerten Tafeln mit Wahlplakaten. Sie seien schön bunt, meinte sie und erinnerte sich: „Wir haben auch bemalt."

Caruso lächelte milde.

„Ge-malt, meinst du. Es heißt gemalt."

„Nein, be-malt. Letztes Jahr. Martina und ich."

Martina war Antjes beste Freundin. Sie war in dem Heim beschäftigt, in dem Antje nach dem Tod ihrer Eltern für ein paar Jahre gelebt hatte. Martina war mit fünfundzwanzig genauso alt wie Antje und hatte sich gleich für die Gruppe um Caruso interessiert, nachdem sie einen Bericht über die sich formierende Bewegung im Fernsehen gesehen hatte.

„Ihr habt Wahlplakate übermalt?"

Antje nickte bekräftigend.

Caruso zeigte sich wenig begeistert.

„Ich hoffe, ihr habt das nicht in unserem Namen gemacht. So was ist Sachbeschädigung, das weißt du!"

„Ja", gab Antje zu, „aber wir haben sie nur schwarz bemalt. Tina sagte, das ist ein Symbol für die Nutzlosigkeit von Plakaten für nutzlose Politiker."

Ihre Rechtfertigung brachte Caruso zum Lachen.

„Na, ihr seid mir ja welche. Wenigstens habt ihr den Leuten keine Hitlerbärtchen gezeichnet oder Hakenkreuze gesprayt wie die anderen Vollidioten."

„Sind wir auch Vollidioten?", fragte Antje und zog ihre Brauen zusammen. Sie sah ziemlich finster drein.

„Natürlich nicht!"

„Weil du gesagt hast, die anderen Vollidioten."

Caruso staunte nicht schlecht. Antje hörte genau zu und besaß einen Verstand, der ihn immer wieder in Erstaunen versetzte.

„Nein, Antje, du und Martina – wir alle – wir sind ganz sicher keine."

Er gab wieder Gas. Soeben hatten sie die Dreißigerzone verlassen.

Riedergarten. Rosenheim.

In Roberts Laden war alles in Ordnung. Die paar Unterschriften, die er laut Fabian leisten sollte, konnten bis zum Wochenende warten. Wochenende! Am Sonntag sollte es passieren. Oder auch nicht, wenn die Polizei seinen Anruf ernst nahm und richtig reagierte.

Robert schaltete sein Smartphone wieder aus. Eine junge Frau mit Hörern im Ohr, deren Kabel um ihren Hals baumelten, schlenderte mit schlampigem Gang an ihm vorüber. Sie summte eine Melodie mit, die Robert nicht kannte. Ihre Art zu gehen und die kräftige, gedrungene Figur erinnerten ihn an Sylvie, die ihm gestern Abend fast den Magen zerfetzt hatte. Natürlich war sie es nicht. Aber die Bilder des speziellen Fanclubs schlichen sich erneut in seinen Kopf. Der Gedanke beunruhigte ihn auf eine Weise, die er nicht einordnen konnte.

Was ging hier vor? Urplötzlich fand er sich wieder in einem Zustand von Unsicherheit, wie damals, als Priska krank geworden war. Dann die Sache mit dem aus dem Ruder gelaufenen Einsatz und das Rechtfertigungsverfahren, wie er es genannt hatte. Es war ein normaler Vorgang gewesen, dass ein Beamter dazu befragt wurde, nachdem er im Dienst Schüsse aus seiner Waffe abgegeben hatte.

Schnell verdrängte er den unangenehmen Gedanken. Trotzdem hing er mal wieder in der Luft wie ein halbleerer Ballon, der sich nicht von der Stelle bewegte. Zuerst die Sache in Lissabon, danach diese merkwürdige Begegnung mit dem Fanclub und Sylvie. Was war los um ihn herum? Was änderte sich gerade?

Er schüttelte den Kopf. Jetzt hockte er auf dieser Parkbank im Riedergarten, stierte sinnfrei auf die bunte Blumenpracht und wusste nicht weiter. Die Sonne war höher gestiegen und brannte ihm nun auf die UV-geschädigte Nase. Für einen Moment schloss er die Augen. Als er sie wieder öffnete, warf jemand seinen gewaltigen Schatten über Robert.

„Robert Robeus, ich nehme Sie fest …“

Archivstraße 2, Hannover

Caruso fuhr vorschriftsmäßig und umsichtig. Den ockerfarbigen Steyr-Lastwagen, Baujahr 1977, hatte Caruso vor einem Jahr einem Landwirt für fünftausend Euro abgekauft. Der Diesel-Stinker besaß 245 PS und stand damit voll im Gegensatz zur Philosophie von Carusos Gruppe. Aber wie so oft bestätigte hier die Ausnahme die Regel. Er fuhr das hässliche Ding nur, wenn es unbedingt sein musste.

Über die Autobahnen A 7 und A 37, den Messeschnellweg und über die Wald-Chaussee waren Antje und Caruso allmählich in der Innenstadt angekommen. Obwohl Caruso einmal falsch abgebogen war und eine Ehrenrunde in einer der vielen 30er-Zonen Hannovers gedreht hatte, fand er auf die Marienstraße, und schließlich erreichten sie den Hannah-Arendt-Platz. Langsam bewegte Caruso den Kipper zur Archivstraße. Mit der abgedeckten Ladung auf dem Kipper wollte er nicht auffallen. Doch in der Nähe eines Ministeriums, an dem ausnahmsweise nicht gebaut wurde, erregte ein Wagen mit sechzehn Tonnen zulässiger Nutzlast Aufmerksamkeit bei Sicherheitskräften.

Der Haupteingang zum niedersächsischen Ministerium für Umwelt, Energie und Klimaschutz besaß die Hausnummer 2. Dort sollten die gesammelten Fundstücke aus der Nordsee landen, direkt vor die Füße des Ministers, der nichts gegen die unseligen Gift- und Schadstoff-Transporte zu tun gedachte.

Aber einige Einsatzwägen der Polizei und Uniformierte auf den Parkplätzen vor dem Haupteingang standen Carusos Plan im Weg. Mit Antje an Bord hoffte er, einen unverdächtigen Eindruck zu machen. Er hatte sogar in Kauf genommen, vorübergehend festgenommen zu werden. Mit so einem Polizei-Aufgebot hatte er freilich nicht gerechnet.

Am Ende der Archivstraße, auf dem Neustädter Markt vor der St. Johannis-Kirche, hatte sich eine Menschenmenge versammelt. Trotz der Bäume, die den Platz dort säumten, konnten Caruso und Antje die Ansammlung gut erkennen.

„Können wir nicht stehenbleiben?“, fragte Antje mit bangem Unterton.

Caruso schüttelte den Kopf. Er ließ den Laster mit Schrittgeschwindigkeit am Haupteingang des Ministeriums vorbeiziehen.

Antje schaute einem Polizeiwagen nach, der sie überholte.

„Weil Polizei da ist“, stellte sie fest. „Wir dürfen den Müll hier nicht abladen, das ist Sachbeschädigung.“

Hatte sie sich Carusos Belehrung zum Schwärzen von Wahlplakaten wahrhaftig gemerkt! Lange konnte Caruso nicht darüber nachdenken. Der Einsatzwagen stoppte sie.

Caruso stellte den Motor ab, kurbelte das Seitenfenster auf und sah auf den Polizisten hinab.

„Guten Tag.“

Der Beamte grüßte zurück, stellte sich vor und verlangte alle erforderlichen Papiere. Sein Kollege sicherte in kurzem Abstand das Geschehen. Der Einsatzwagen blockierte mit laufendem Motor eine mögliche Weiterfahrt des Lasters.

Caruso händigte alle relevanten Unterlagen aus und wartete. Ein Lastwagen auf dem Weg in die Richtung einer versammelten Menschenmenge konnte nicht einfach so durchgelassen werden. Caruso wunderte sich, dass er überhaupt so weit gekommen war. Wenn er gewusst hätte, dass an diesem Tag auf dem Neustädter Markt eine Veranstaltung abging, wäre er nicht losgefahren. Er hätte wissen müssen, dass er nicht einfach mal so mit einem 16-Tonner hier auftauchen konnte. Er hatte doch recherchiert, der Minister für Umwelt, Maximilian Herold, sollte heute um diese Zeit im Sportpark eine Rede halten. Fand die nun doch auf dem Neustädter Markt statt?

„Zu welchem Zweck sind Sie hier?“, fragte der Polizist. Er musterte Caruso misstrauisch.

„Ganz ehrlich?“

„Ich bitte darum!“

„Ich hab mich verfahren“, log Caruso ungeniert.

Der braungebrannte Beamte räusperte sich.

Sein Kollege umrundete den Kipper. Antje lächelte ihn durchs Seitenfenster an. Im Rückspiegel beobachtete sie, wie er die Plane auf der Ladefläche anhob und ihre Ware betrachtete, bevor er sich an die Seite seines Kollegen stellte.

„Es ist Plastikzeug da hinten“, informierte er ihn.

Der Braungebrannte fragte, wie Caruso sich so sehr verfahren konnte.

„Kein Navi“, erklärte Caruso wahrheitsgemäß, „aber der Wertstoffhof ist doch hier in der Nähe, oder?“

Der Polizist schüttelte den Kopf und lächelte. Also glaubte er den Blödsinn.

„Da sind Sie aber ganz schön dran vorbeigefahren. Der Wertstoffhof liegt am Moorwaldweg. Woher sind Sie denn gekommen?“

„Von der A 7 über die 37.“

Sehen Sie, genau von der A 37 hätten Sie links abbiegen müssen.“

„Vielen Dank!“

Die Beamten berieten sich kurz, wobei der blassere der zwei auf Antje aufmerksam machte. Damit schien alles erledigt.

„Jetzt fahren Sie mal schön einmal um den Block, immer links halten, dann kommen Sie auf die Lavesallee und von dort zurück zum Friedrichswall. Geht direkt zurück auf die Autobahn. Dann aber rechts ab zum Wertstoffhof.“

Beide grüßten mit „Gute Fahrt“.

Der Polizist mit der Urlaubsbräune setzte sich ans Steuer des Einsatzwagens. Der Blasse zückte ein Handy und telefonierte kurz, bevor auch er in den Wagen stieg. Sie gaben den Weg frei.

Caruso sparte sich, das Seitenfenster wieder hochzukurbeln, startete den Laster und zog vorbei. Vor dem Neustädter Markt setzte er den Blinker, um, wie ihm polizeilich verordnet, nach links in die Calenberger Straße abzubiegen. Entlang der Straße hatte man den Platz mit massiven Betonquadern abgesichert. Durch die Bäume auf dem gegenüberliegenden Platz erkannte er einen hemdsärmeligen Mann am Mikrofon einer Rednerbühne. Minister Max Herold. Lautsprecher trugen Wortfetzen in die Umgebung. Die Kundgebung war in vollem Gange.

Caruso stoppte, um einen Radfahrer vorbei zu lassen, der von rechts aus dem für Kraftfahrzeuge gesperrten Teil der Straße auf die Fahrbahn rollte.

Knallende Schüsse, zweimal, dreimal, ließen den Menschenauflauf auf dem Marktplatz gegenüber schlagartig in Bewegung geraten. Antje schrie auf. Plötzlich liefen hunderte Menschen wie eine von Panik getriebene Herde auf die Calenberger Straße. Caruso schaltete die Diesel-Zündung aus.

„Antje, bleib wo du bist!"

Er selbst sprang aus dem Wagen.

„Hallo!"

Niemand stoppte, um ihm zu sagen, was da los war.

Martinshörner erklangen und kamen näher.

Caruso hielt einen jungen Mann auf, der humpelte.

„Hallo, was ist da passiert?"

Der blonde Mann keuchte und sah Caruso entgeistert an. „Der Minister—Umweltminister—erschossen!"

„Haben Sie sich verletzt?" Caruso zeigte auf das rechte Bein des Mannes. Die Jeans war am Knie eingerissen.

„Nein, das gehört so", grinste der Mann wenig amüsiert. „Hab mir nur den Knöchel beim Laufen verstaucht."

Für einen Moment lehnte er sich neben der Fahrertür an den Rahmen und fasste sich ans Bein.

„Ist alles okay. Vielen Dank." Er lächelte und drückte Caruso die Hand. Der bemerkte den Handschlag kaum, beeindruckt von den vielen Menschen, die sich in die Calenberger- und Archivstraße flüchteten. Der junge Mann schloss sich ihnen an.

Caruso sah hinterher. Auch er und Antje sollten besser von hier verschwinden.

Lange Zeit zum Überlegen blieb ihm nicht. Die Polizisten, vorhin noch freundlich und hilfsbereit, hatten blitzschnell geschaltet. Sie dachten wohl, Caruso hätte aus dem Laster heraus geschossen. Mit Verstärkung durch die anderen Beamten vor dem Ministerium im Schlepptau, nahmen sie Carusos Wagen in die Zange.

Rosenheim. Begegnung im Park

Robert zuckte zusammen. So schnell hatten sie ihn ausfindig gemacht? Er blinzelte in die Sonne. Die schattenwerfende Gestalt vor ihm trat zur Seite und lachte dümmlich.

„Servus. Hast wohl ein schlechtes Gewissen, was?"

Leopold! Er trug keine Uniform und hatte erheblich an Umfang zugelegt.

„Du erschreckst wohl immer noch gern Leute, Bulle!", flachste Robert zurück. Er hatte sich schnell wieder im Griff, weil er das vertraute Gesicht seines Ex-Kollegen sofort erkannte.

„Hast du keinen Dienst?"

Robert sprang, so flink es ihm möglich war, auf die Beine. Die zwei Männer klopften sich herzlich ab.

Leo meinte, Überstunden seien da, um abgefeiert zu werden.

„Und du? Was macht das Geschäft?"

Dass Roberts Laden prima lief, das hakten sie schnell ab. Sie hatten sich jahrelang nicht gesehen.

„Wollen wir irgendwo hingehen, Leo, wo's ein bisschen kühler ist?"

„Wenn du als Selbstständiger sonst nichts zu tun hast, gern."

Im Café Weth neben der Nikolauskirche fanden Leo und Robert einen unbesetzten Tisch, der nicht am Fenster lag. Die Ausblicke auf den Max-Josefs-Platz belegten die reiferen Semester.

Robert bestellte Kaffee, Leo ein leichtes Weizenbier.

Leo grinste übers ganze, volle Gesicht. Während Robert noch fast alle seine Haare besaß, glänzte sein Ex-Kollege mit Geheimratsecken bis zum Hinterkopf.

„Der Innendienst", begann Robert, „tut dir gut, oder?"

Leo nahm ihm auch nach so langer Zeit die Ironie nicht übel.

„Na ja, manchmal denke ich schon an unsere Jahre in Uniform. Weißt du noch, als wir dem Kollegen Karl seine Verlobte damals in dem Schuppen, der Pub hieß, mit dem gesuchten Tankstellenräuber erwischt hatten? Mann, alle Hände voll hatten wir zu tun, sie als Zeugin rauszuhalten."

„Was ist aus denen eigentlich geworden?"

„Karl und Katja? Papa und Mama. Fünffach."

Diese Begegnung mit Leo freute Robert ungemein. Doch seine augenblickliche Lage zu verbergen, fiel ihm schwer. Sein Lächeln misslang ihm.

Als geschulter Ermittler bemerkte Leo Roberts unterschwelliges Unbehagen sofort.

„Was ist?"

Robert wollte ehrlich sein. Sollte er Leo von Lissabon erzählen? Dann hätte er vorhin nicht klammheimlich im Präsidium anrufen müssen! Angesichts ihres Wiedersehens, verortete er sein Problem in frühere Zeiten. Geredet darüber hatten sie tatsächlich nie.

„Es ist — ach scheiße: Als ich dich vorhin gesehen habe, ist alles wieder hochgekommen."

Nach einen ergiebigen Schluck Bier wischte sich Leo den Schaum von den Lippen.

„Wirklich alles? Mensch, Robert, man muss mal einen Schlussstrich ziehen. Ich dachte, das hättest du vor langer Zeit getan?"

„Seit ich den Polizeidienst quittiert habe ..."

Leopold unterbrach ihn: „Du erinnerst dich schon noch daran, wie das damals war, oder? Du musstest ..."

Diesmal stoppte Robert seinen Ex-Kollegen: „Ich weiß nicht, aber für mich ..."

Die Halbsätze nervten beide. Für ein paar peinliche Sekunden schwiegen sie.

Leo fand als erster Worte. Er atmete tief durch und ließ sich anschließend auch von Roberts wiederholtem „Ja-aber" nicht unterbrechen.

„Du hattest das Disziplinarverfahren gegen dich vor der Kommission kaputt geredet. Um Kopf und Kragen hast du dich gequatscht, weil du nicht einsehen wolltest, dass der Schuldige dieser verrückte Amokläufer war. Aber Sonja wäre tot gewesen. Wenn du nicht geschossen hättest, hätte er sie tödlich getroffen. Okay, ich weiß, der andere hätte nicht im letzten Augenblick abgedrückt, sagten sie, wenn du ihn mit dem Schuss nicht provoziert hättest. Voll der Quatsch! Der hätte sowieso geschossen. Aber so kam der ins Krankenhaus, und was viel besser war: auch in den Knast. Sonja konnte ihre Schulter doch nach ein paar Tagen wieder bewegen."

Robert verbarg sein Gesicht in den Händen.

„Sie hätte tot sein können. Zwanzig Zentimeter tiefer, und …" Robert schnaubte durch die Nase.

Schon wieder ein nicht zu Ende gesprochener Satz, der Leo auf die Palme brachte.

„Sie hätten dich niemals rausgeworfen. Nie! Das weiß ich aus erster Hand. Aber du musstest ja gleich alles hinschmeißen, und ich habe meinen besten Kollegen ever verloren, verdammt!"

Robert nahm seine Hände vom Gesicht. Seine Haut hatte die gleiche Farbe angenommen wie seine sonnenverbrannte Nase.

„Du weißt genau warum!"

Unter welchem Druck Robert damals gestanden hatte, würde sich Leo nie vorstellen können. Roberts Frau Priska hatte Brustkrebs bekommen und zwei erfolglose Chemotherapien durchgemacht. An dem Tag, als die Sache mit ihrer Kollegin Sonja passiert war, hatte Robert erfahren, dass Priska den Kampf gegen die Krankheit wohl aufgeben musste. Eigentlich hätte Robert nicht im Dienst sein sollen, aber er hatte gedacht, das würde ihn ablenken.

„Schöne Scheiße!", stieß Leo aus und saugte sein Bierglas leer.

Robert drehte die Tasse auf dem Unterteller von links nach rechts. Es war seine dritte oder vierte an diesem Vormittag. Er sollte damit aufhören, beschloss er, weil das Zeug ihm gemeines Herzrasen verursachte.

„Ist lange her." Leo nickte versonnen.

„Oh ja."

Hannover, Neustädter Markt

Antje weinte. Ein Polizist half ihr zunächst aus dem Lastwagen und hinderte sie anschließend am Weglaufen.

Caruso wurde von zwei Beamten auf den Boden gedrückt. Er spürte und hörte, wie die Handfesseln auf seinem Rücken klickten. Jemand drückte sein Knie in Carusos Kreuz. Er konnte sich kaum bewegen.

Nach dem Abitur hatte Caruso als Lagerarbeiter gejobbt. Eine Auszeit inklusive Australienreise, wie sie einige seiner Abi-Kollegen bis zum Studienbeginn angetreten hatten, war finanziell nicht machbar gewesen. Also hatte er die Zeit genutzt, um Geld zu verdienen und seinen Körper zu stählen. Mit seinen Eins-neunzig hatte er sich in verschiedenen Kampfsportarten versucht und war schließlich in einem Boxclub hängengeblieben. Jetzt, kurz nach seinem 35. Geburtstag, besaß er die muskulöse Statur eines Kraftsportlers, der es mit harten Kerlen hätte aufnehmen können, wenn es darauf ankam. Aber das hier schaffte ihn!

Eingeklemmt zwischen Vorderrad, staubigem Asphalt und zwei durchtrainierten Polizisten hatte er keine Chance, sich auch nur einen Zentimeter zu rühren. Was hatte er getan?

„Was ist los, verdammt!“

Wenigstens seine Zähne brachte er zum Sprechen auseinander, obwohl eine Hand seinen Kopf auf den Boden presste. Steinchen stachen in seine rechte Wange, und seine rechte Schläfe brannte wie Feuer. Ölgeruch reizte seinen Rachen. Er hustete.

Hatte er eine Antwort erwartet? Aus seinem Blickwinkel erkannte er nur dutzende Beine, die aufgeregt hin und her trampelten.

Jemand, ein Mann, sprach davon, dass der Neustädter Markt doch nur der Ausweichplatz war, damit der Minister seine Rede halten konnte. Normalerweise sei ein viel größeres Gelände wie der Sportpark am Stadion passender für so eine Veranstaltung. Aber die Nähe zum Ministerium soll den Ausschlag gegeben haben.

Caruso versuchte erneut, etwas über den Sinn seiner Lage zu erfahren.

„Was wollen Sie von mir? Ich habe nichts getan!"

„Das werden wir dann sehen." Eine raue Stimme, die keuchend klang. Männlich.

Jemand tastete zwischen seine Beine, dann an seine Lenden. Er wurde angehoben.

„Aufstehen!", schrie der mit der Reibeisenstimme.

Caruso wurde an den Schultern gepackt und kam so irgendwie auf die Beine. Mit dem Gesicht an die Fahrertür gequetscht, begrapschten zupackende Hände seinen Oberkörper. Gleichzeitig nestelte jemand an seinen Knöcheln herum, als hätte er dort ein Waffenarsenal versteckt.

„Wo ist Antje?", presste Caruso hervor.

„Ist das Ihre Begleiterin? Antje?"

„Ja, verdammt! Wo ist sie?"

Caruso hörte: „In Sicherheit" und „er ist sauber".

Erleichtert spürte er, wie die beiden Polizisten von ihm abließen.

„Nicht bewegen", drohte der, der eine angenehmere Stimme besaß.

Caruso hatte nicht vor, sich in irgendeiner Weise zu regen, solange er nicht wusste, was da geschehen war, und warum er als Verbrecher behandelt wurde.

Noch immer heulten Martinshörner durch die Straße, Lichter blinkten. Aber Menschen schrien nicht mehr so oft wie unmittelbar nach den Schüssen.

Hatte man den Umweltminister ermordet? Wenn, dann konnte Caruso einpacken. Seine Truppe stand auf Kriegsfuß mit dem Ministerium. Einige Mitglieder hatten harte, verbale Attacken geritten, obwohl sie sich—noch—als außerparlamentarische Opposition verstanden. Caruso und Antje hatten nichts verbrochen, was ihr Festhalten rechtfertigte. Aber sie hatten etwas vorgehabt! Bald würden die Behörden wissen, wer die beiden wirklich waren, die mit einem Mülllaster vor dem Umweltministerium aufgetaucht waren. Und jetzt war Minister Herold tot—oder zumindest sehr schwer verletzt.

Caruso sah, wie ein Uniformierter die Fahrerkabine absuchte. Der Beamte nahm alle Papiere an sich. Vorsichtig blätterte er sie durch. Führerschein, ausgestellt auf Carusos richtigen Namen Marius Lukas, Fahrzeugschein, HU-Bericht des TÜV Niedersachsen.

„Die Frau heißt Antje Lüders", hörte Caruso eine weitere Stimme.

„Sie ist behindert", sagte die Stimme, die zu den Stiefeln gehörte.

Von wegen, dachte Caruso. Antje würde Martina benachrichtigen. Tina und Caruso hatten Antje aus dem Heim geholt. Sie fühlten sich seit zwei Jahren als Familie. Und Martina war seine Frontfrau in der Gruppe. Eines Tages würde sie im Bundestag sitzen. Aber zunächst einmal klemmte er, Caruso, zwischen einem bulligen Beamten und seinem Lastwagen und konnte sich nicht rühren.

Rosenheim, Café Weth

Das Geräusch eines fahrenden Zugs drang dermaßen laut aus Leos Brusttasche, dass Robert zusammenzuckte. Er fragte sich, wie viele noch blödere Klingeltöne es eigentlich geben konnte.

Leo brummte seinen Nachnamen, Bauer, ins Smartphone. Seine hellen, für einen Mann erstaunlich langen Wimpern fingen an zu zucken. Schlechte Nachrichten?

„Danke“, sagte Leo mit rauer Stimme, legte auf und drückte einen Button auf dem Display. Erst las er stumm, dann informierte er den ratlos blickenden Robert:

„Es steht schon in den Breaking News. Anschlag in Hannover“.

Bei Robert machte es sofort klick.

„Was?“

„Minister Herold. Umwelt. Ein Attentat ist auf ihn verübt worden. Auf einem Marktplatz wurde geschossen. Unübersichtliche Lage anscheinend. Ich muss ins Präsidium.“

Robert schaute ungläubig.

„Wieso? Hannover ist doch nicht euer Revier“.

„Wenn so was passiert, werden auch die Kräfte der anderen Bundesländer informiert. Erhöhte Wachsamkeit ist angesagt.“

„Also dann, Leo. War schön, mit dir zu reden.“

„Ja. Servus.“

Kurz darauf zahlte Robert Leos Zeche mit. Ein Grund für Robert, sich bald wieder mit ihm in Verbindung zu setzen. Schulden eintreiben. Oder sein Wissen über einen geplanten, jetzt womöglich ausgeführten Anschlag preiszugeben. Warum Hannover?

Robert verließ das Café mit einem verdammt unguten Gefühl im Bauch. Und das kam nicht von zuviel Kaffee. Was, wenn die Tat in Hannover mit dem zu tun hatte, worüber er in Lissabon informiert worden war. Ein Minister für Umwelt hält eine Rede und wird Opfer eines Anschlags mit einer Schusswaffe!

Er fragte sich ernsthaft, wem er sich anvertrauen konnte. Der Polizei? Nein, dann war er ja einer der Verdächtigen.

Ramona? Nein, er durfte sie nicht hineinziehen.

Ein Gedanke reifte in ihm, als er auf dem Weg zurück zu Ramonas Wohnung an seiner alten Schule vorbeikam. War da nicht …?

Ob der noch als Privatdetektiv arbeitete? Im letzten oder vorletzten Jahr stand doch etwas über den in der Zeitung! Klar, der hatte großen Anteil an der Festnahme eines Serienmörders in Rosenheim. Wie hieß er doch gleich? Wachter? Martin Wichtel, Wachtel? Quatsch, der war ein paar Jahre älter, hatte ihn, den Kleinen, auf dem Schulhof mal vor einem fiesem Typen gerettet, und er hieß Michael Warthens!

HANNOVER

Aus gesicherter—für die Polizisten zumindest—Entfernung musste Caruso zusehen, wie Antje in ein Einsatzfahrzeug gesetzt wurde, das kurz darauf losfuhr. Er selbst saß auf dem Rücksitz eines Polizei-SUVs, bewacht von einem Beamten und mit schmerzenden, auf dem Rücken gefesselten Handgelenken.

Die uniformierte Reibeisenstimme auf der anderen Straßenseite brüllte „Wagen durchsuchen!"

Dem Kipper von Carusos Mülllaster wurde nun alle Aufmerksamkeit geschenkt. Die inzwischen eingetroffenen Spusi-Beamten gingen akribisch vor, interessierten sich für jedes einzelne Quietsche-Entchen, jeden mit Tang umschlungenen Gummi-Penis und die mit Sand gefüllten, aufgeplatzten Kondom-Packungen.

Einer kam auf die Idee, das Fahrerhaus in Augenschein zu nehmen. Caruso lächelte. Sie würden schon sehen, dass er nichts zu verbergen hatte, außer den Gedanken, den Müll eigentlich vors Ministerium kippen zu wollen.

Plötzlich zogen sich die Einsatzkräfte am Fahrerhaus zusammen. Einer im weißen Einmal-Overall trat vor und hob triumphierend einen durchsichtigen Plastikbeutel in die Höhe. Inhalt: eine ziemlich große Schusswaffe!

Wangerland, Nordseeküste.

In der Amtsstube des Bürgermeisters von Wangerland im Ostfriesischen knallte Martina Lehnkamp eine niedliche, gelbe Plastik-Ente auf den Schreibtisch.

„Die können Sie Ihren Enkeln schenken", begleitete sie ihr heftiges Auftreten mit überraschend ruhigen Worten, „und sagen Sie ihnen, die wachsen im Meer."

Bürgermeister Habland ignorierte die Ente.

„Das würden die mir nicht glauben", reagierte er besonnen, „die sind vier und sechs, also klüger als jemand, der denkt, Badeentchen würden in der See geboren."

Martina drehte ihre Lautstärke auf: „Sie wissen genau, was ich meine!"

„Und? Was soll ich dagegen tun?"

„Nicht nur dasitzen und aussitzen, mein Herr!" Martina strich sich eine Strähne ihres tiefschwarzen Haars hinters Ohr. „Sie sind zwar nur ein kleines Bürgermeisterlein, aber immerhin Mitglied der Regierungspartei. Ein wenig mehr Einfluss hätte ich Ihnen schon zugetraut."

Nun ließ auch Habland seine sechzigjährigen Stimmbänder lauter arbeiten: „Ja, Schiet nochmal! Frau Lehnkamp, Sie wissen genau, wie das läuft. Ihre Organisation in allen Ehren ..."

„E.V., Herr Habland", berichtigte sie, „wir sind ein eingetragener Verein und keine dubiose Organisation!"

Natürlich hatten Martina, Caruso und die vielen Mitglieder ihres Vereins vor, sich in eine politische Partei umzuwandeln. Wie weit das gutgehen konnte, wusste niemand. Sie konnten grandios scheitern, aber auch riesigen Erfolg einheimsen. Jedenfalls wurden sie wegen ein paar halbgaren Aktionen bereits vom Verfassungsschutz beobachtet. Ob sie als Partei zugelassen werden konnten, stand schon vor dem Antrag auf der Kippe. Vielleicht sollten sie solche Aktionen, wie Caruso sie heute in Hannover durchführen wollte, bleiben lassen, oder zumindest für eine Weile aussetzen.

Bürgermeister Habland schnaufte tief durch. Sein Doppelkinn wurde zu einem Dreifachkinn.

„Sie machen Dinge, die dem Land nicht guttun. Sie wollen Stillstand, gefährden Arbeitsplätze. Sie sind so naiv wie Greenpeace und alle anderen Spinner, die meinen, die Welt aufhalten zu können."

Martinas dunkle Augen blitzten den dicken Habland an, als wäre er der Teufel persönlich. Genau das Geschwafel hörten sie und ihre Mitglieder ständig. Natürlich waren sie alle nicht die perfekten Vorbilder, lebte nicht jeder vegan oder vegetarisch, oder vermieden es nicht explizit, zu viel recyceltes Klopapier zu verwenden. Es ging um viel mehr als das. Martinas schlanker Körper spannte sich wie der einer Katze vor dem Sprung.

„Verdammt! Was würde eine Protestnote Ihrerseits an die Landesregierung wegen der Gefährdung des Tourismus durch extreme Strandverschmutzung in seinem Kaff dem Bürgermeister kosten? Seinen Posten?"

Habland lächelte mild.

„Sie meinen mich? Ich trete bei der nächsten Wahl nicht mehr an. Die ist ja nun bald, nich'."

„Also, was haben Sie zu verlieren?"

„Meine Loyalität lässt das nicht zu. Würden Sie etwas gegen die Ideologie — gut, Sie würden sagen Philosophie — Ihres Vereins handeln, selbst wenn Sie vom Gegenteil überzeugt wären?"

„Ja!"

Habland grinste verächtlich.

„Ach was. Hören Sie auf. Wenn es um Geld oder Ihre Familie ginge, würden Sie doch genau so wie alle anderen umkippen? Oder sind Sie masochistisch veranlagt?"

Martinas Handy machte sich mit einem Lied von Joan Baez bemerkbar.

Mit einem überlegenen Augenaufschlag lehnte sich Habland zurück.

„Sehen Sie. Das Ding ist auch nicht gerade ökologisch!"

Es war die Polizei. Eine Beamtin unterrichtete Martina von Antjes Festnahme in Hannover. Das behinderte Mädchen habe Martinas Nummer angegeben.

HANNOVER, CHAOS

Caruso sackte in sich zusammen. Das war es dann! Durch das Seitenfenster des Einsatzwagens konnte er nur allzu gut sehen, was sie in seinem Steyr-Laster gefunden hatten. Natürlich hatten sie ihm die Waffe untergeschoben. Sie brauchten einen schnellen Erfolg, damit die Lage nicht völlig eskalierte. Er sollte den Sündenbock spielen.

Seine Zunge klebte am Gaumen wie ein vertrockneter Kaugummi. Jedes Schlucken schmerzte. Sein Entsetzen ließ seinen Magen rebellieren. Brechreiz übernahm die Macht in seinem Bauch.

Sich an den Bewacher an seiner Seite zu wenden, darauf verzichtete er dankend. Brachte ja ebenso wenig, wie sich jetzt herauszureden. Sie hatten ihn, den Unschuldigen, am Wickel.

Hektisch funkten die Beamten drüben an seinem Laster, verlangten nach weiterer Verstärkung und bekamen sie nach wenigen Minuten. Sieben schwer bewaffnete SEK-Beamte umringten den Polizeiwagen, in dem Caruso kauerte. Einer öffnete die Tür, zog Caruso vom Sitz und drückte ihn auf den Boden. Ein stechender Schmerz an seiner rechten Schulter meldete sich. Beim Aufprall auf den Asphalt hatte er sich den gefesselten Arm verdreht. Ihm wurde schwarz vor Augen. Sternchen tanzten in der Dunkelheit. Er spürte eine Hand an der lädierten Schulter.

„Haben Sie allein gehandelt?"

Mit letzter Kraft wehrte sich Caruso gegen die Ohnmacht. Es gelang ihm um den Preis, dass er über den Stiefel vor seinem Gesicht kotzte.

Jemand schrie mit einer Stimme wie durch einen Trichter: „Zur Seite! Heben Sie den Mann auf und behandeln Sie ihn, wie Sie es gelernt haben. Der Mann ist krank."

Caruso blickte in die Augen eines etwa fünfzigjährigen Mannes mit kahlem Kopf. Das runde Gesicht schaute auf das Papier in seiner Hand, anschließend musterte er Caruso ernst und irgendwie auch interessiert.

„Sie sind Marius Lukas?“

Caruso nickte vorsichtig.

„Trinken Sie erstmal was.“

Zwei Beamte hievten Caruso zurück auf den Rücksitz, einer der beiden reichte ihm kurz darauf einen Plastikbecher an den Mund. Caruso trank ihn dankbar leer. Allmählich kamen seine Sinne wieder an den Ort zurück, wo sie hingehörten. Leider. Der Schmerz in der Schulter meldete sich pochend.

Der Kahlköpfige machte einen Schritt auf Caruso zu.

„Mein Name ist Ole Burghard. Hauptkommissar. Herr Lukas, ich nehme Sie fest wegen des Verdachts auf Mordversuch an einem Landesminister.“

Kopfschüttelnd krächzte Caruso: „Was soll das mit der Knarre? Wieso ich?“ Er ging davon aus, dass der Kommissar von der linken Tour mit der Waffe hinter dem Fahrersitz wusste.

„Diese Frage stellt sich nicht.“ Der Kommissar blieb sachlich wie eine Maschine. „Die Frage ist: Warum haben Sie das getan?“

Die Tonlage des Kommissars reizte Caruso, ihn gegenzufragen, warum er nichts gegen seine Polypen unternahm. Das Wort Polypen konnte der Polizist freilich in den falschen Hals bekommen. Stattdessen bestätigte Caruso seine Frage nach dem Warum: „Sie sagen es. Wieso sollte ich?“

„Weil Sie Marius Lukas sind, Vorsitzender der europaweit operierenden Organisation SchwertFisch?“

Caruso riss sich zusammen, um ebenso gradlinig und kühl zu bleiben.

„SchwertFisch ist ein ordentlich eingetragener Verein, der keine Menschen umbringt. Im Gegenteil!“

Auf den erstaunlich schmalen Lippen des rundlichen Kommissar-Gesichts zuckten die Nerven.

„Herr Lukas, Ihre Leute demonstrieren nicht immer sauber und friedlich. Was soll der Müll da eigentlich?“

Er stach mit dem Daumen über die Schulter hinweg in Richtung des Lastwagens, ohne sich umzudrehen. Als würde er Caruso bewachen müssen. Mit sieben MPs um Caruso herum wäre es nicht nötig gewesen, auch noch von zwei Kommissar-Schweinsäuglein fixiert zu werden. Natürlich beobachtete er die Reaktion des Terroristen namens Caruso.

„Und Ihre Leute sind auch nicht immer alle lupenreine Demokraten“, gab der Revoluzzer contra.

Sah er da ein leichtes, zustimmendes Nicken?

„Schwarze Schafe gibt's hinter jedem Gatter. Aber das ist nicht der Ort, um ... Sie wissen, was auf Sie zukommt?“

Caruso fürchtete, derart in die Mangel genommen zu werden, dass er zu einem falschen Geständnis gezwungen wurde. Doch irgendwie machte ihn die Art Kommissar Burghards Hoffnung auf Fairness.

Wenn da nicht die großkalibrige Waffe gewesen wäre, und: „Was machen Sie mit Antje? Wo ist sie?“

Der Kommissar versicherte ihm, sie sei in guten Händen. Sie hätte nichts zu befürchten.

ROSENHEIM, WENIG SPÄTER

Ramonas Wohnung duftete nach Kaffee. Robert wurde übel bei dem Gedanken an die Brühe. Außerdem bekam er dermaßen Druck auf die Blase, dass er vor allem zuerst Ramonas Toilette aufsuchen musste.

Michael Warthens. Allzu viel wusste Robert nicht von ihm. Irgendetwas Schlimmes musste in den Siebzigern am Gymnasium vorgefallen sein. Aber Robert besaß keinen Schimmer, was das gewesen sein sollte. An sein eigenes Erlebnis mit Michael Warthens auf dem Schulhof konnte er sich noch erinnern. Der Warthens hatte einen großen Typen zurückgehalten, der Robert damals in die Mangel hatte nehmen wollen. Robert hätte den nicht wegen Rauchens auf dem Schulhof verpetzen sollen. Und dann, vierzig Jahre später stand eben dieser Warthens in der Zeitung, weil er als Privatdetektiv spektakulär Mörder überführt hatte.

Er drückte die Spülung und wusch sich die Hände. Die Hitze schaffte ihn. Mit vollem Strahl ließ er das Wasser in den Waschtisch laufen, bis es eiskalt wurde. Danach spritzte er sich mit den Händen das Gesicht nass und betrachtete sich die Sauerei auf dem Fliesenboden.

Trocknet von selbst, sagte er sich, und sein Gedanke an den Privatdetektiv holte ihn wieder ein. In gewisser Weise besaßen sie ähnliche Jobs. Robert verglich seinen Selbstverteidigungs- und Sicherheitsbetrieb mit dem eines Detektivs. Sie halfen Menschen gegen Gauner und Verbrecher. Robert stand ihnen zur Seite, um Taten zu verhindern, Detektive klärten sie auf, wenn es dann doch nicht geklappt hat mit der Prävention. Alles privat und auf Rechnung.

„Scheiß drauf", sagte er laut beim Verlassen der Toilette und lief prompt Ramona in die Arme.

„War's nix?", grinste Ramona.

Robert kapierte sofort, was sie meinte.

„Doch, doch, alles gut gegangen da drin."

Ramona betrachtete den Fliesenboden und stemmte die Hände in die Hüften.

„Zu gut, wie ich sehe!"

„Okay, ich trockne das schnell. Ist nur Wasser", schob er eilig hinterher.

„Das hoffe ich. Und was ist mit scheiß drauf?"

„Mir ist da gerade jemand eingefallen, der mir bei meinem Problem helfen könnte."

„Das Problem mit dem geheimnisvollen Portugiesen?"

Robert hatte Ramona nun doch genauer über den Grund seines Abtauchens informieren müssen, bevor sie glaubte, er wäre nicht aus Furcht vor Verfolgern, sondern ausschließlich wegen ihr in ihrer Wohnung untergetaucht.

„Ja. Portugiese ist der aber ganz sicher nicht. Hast du schon von dem Attentat in Hannover gehört?"

Ramona schüttelte den Kopf.

„Ich sehe nicht so oft fern."

Robert erzählte ihr, während er mit einem Lappen den Boden trocknete, was knapp zwei Stunden zuvor in Hannover geschehen war.

„Das ist ja entsetzlich!", entfuhr es Ramona.

„Allerdings." Robert wrang den Putzlappen über der Kloschüssel aus und machte so den Rand nass.

„Männer", stöhnte Ramona. „Gib schon her."

Schnell und sauber erledigte sie die Arbeit für ihn, während Robert weiter redete: „Das ist genau die Art von Anschlag, zu denen der Kerl in Lissabon mich überreden wollte. Nur, dass es jetzt nicht in Rosenheim, sondern in Hannover geschehen ist."

Ramonas Klo blitzte wieder. Sie schob ihn hinaus, und sie gingen ins Wohnzimmer, in dem die Jalousien auf halbmast hingen und es deshalb beinahe kühl war.

„Das heißt ja", überlegte Ramona, „dass das auch in Rosenheim passieren kann, wenn am Sonntag der Umweltminister spricht."

„Genau", schnitt Robert Ramona den Gedanken ab. „Umweltminister ist das Stichwort. Wahrscheinlich haben es diese Leute, aus welchem Grund auch immer, auf die Umweltministerien abgesehen. Verrückt genug ist die Welt ja geworden, dass es immer einen Grund für solche Wahnsinnstaten zu geben scheint."

„Und wer soll dir dabei helfen?"

„Michael Warthens, der Privatdetektiv."

Ramona riss die Augen auf.

„Michi? Den kenn ich. Der hat eine nette Freundin, zu der ich manchmal — na ja, Kontakt habe. Conny heißt sie. Und den willst du fragen?"

„Warum nicht."

„Der ist gut, glaub mir."

Robert zuckte mit den Mundwinkeln, weil er das zweideutig auffasste.

Prompt folgte sein Kommentar: „Na, wenn er seinen Job gut macht, reicht's schon."

Im Branchenbuch fand Robert die Nummer der Detektei Warthens sofort.

Der Privatdetektiv meldete sich persönlich.

„Warthens."

Robert räusperte sich.

„Michael Warthens, der Privatdetektiv?", hakte er nach.

„Ich steh so im Telefonbuch, ja."

„Mein Name ist Robert Robeus, ich hätte da ein Problem – einen Auftrag natürlich."

Michael Warthens stutzte hörbar.

„Robert Robeus? Sie sind doch der von RoSi, der Sicherheitstraining anbietet."

„Richtig."

„Und wie könnte ich Ihnen helfen?"

„Das ist eine verzwickte Geschichte", gestand Robert, „aber ich kenne Sie vom Gymnasium, und da dachte ich …"

„Das ist ja keine Qualifikation, aber danke fürs Vertrauen. Am Telefon will ich das auch nicht besprechen. Kommen Sie zu mir ins Büro, oder wollen wir einen neutralen Ort wählen?"

„Wo haben Sie denn Ihr Büro?“
„Steht im Internet unter Detektei Warthens.“
„‘tschuldigung. Genau. Heute noch? Wär dringend.“
„Kommen S’ halt gleich vorbei.“
„Bin schon unterwegs.“

MARTINA UND ANTJE, 15.03 UHR

„Würden Sie Antje Lüders bitte nicht behindertes Mädchen nennen!", erregte sich Martina und legte ihren Arm um Antjes Schulter. „Frau Lüders ist eine 25-jährige Frau mit Vor- und Nachnamen!"

Sofort nach dem Anruf der Polizei hatte sich Martina auf den, mit dem Auto, zweieinhalbstündigen Weg nach Hannover gemacht. Da die Polizeiinspektion Mitte an der Herschelstraße für die Innenstadt zuständig war, hatte man Antje dorthin gebracht. Außerdem sollte für Antje eine Sozialarbeiterin bestellt worden sein. Von der fehlte allerdings jede Spur.

Die Beamtin, die Martina provoziert hatte, stierte verbissen auf ein Formular in ihrem Tablet-PC, als ginge sie Martinas Protest nichts an. Die weizenblonde, drahtige Frau druckte das Papier wortlos aus und legte es Martina vor.

„Unterschreiben", sagte sie schroff.

Martina nahm den ihr angebotenen Kugelschreiber entgegen und kritzelte Lehnkamp in die vorgesehene Zeile.

„Soll Frau Lüders nicht auch unterzeichnen?", fragte sie und reichte Antje den Stift.

„Nein. Ihre Unterschrift genügt." Die Beamtin nestelte mit einer Hand an ihrer Uniformbluse und mit der anderen forderte sie den Kuli zurück. Soeben hatte Martina dafür unterschrieben, dass Antje an derselben Adresse wie sie wohnte, Antje dort gemeldet war und sich ab sofort nicht ins Ausland begeben dürfe. Antje war Zeugin einer Straftat, galt aber auch als Verdächtige.

Antje legte den Kugelschreiber in die geöffnete Hand der Polizistin.

„Auf Wiedersehen", sagte sie und lächelte die Frau an.

Verblüfft lächelte die Polizistin zurück, fing sich aber sofort und brummelte, während sie sich dem Tablet zuwandte, so etwas wie „Das wollen Sie bestimmt nicht".

Martina schob Antje eilig durch die Tür des Büros, vorbei an einem dort wachenden Uniformierten und hinaus an die frische Luft Hannovers.

Sie fasste es nicht: Was war da nur schief gelaufen bei der Aktion? Dass Caruso geschossen hatte, das glaubte die Polizei doch nicht wirklich. Und Antje hatte erst recht nichts damit zu tun. Sollte Caruso ruhig zugeben, was er mit dem Müll vorgehabt hatte. Dafür konnten sie ihn mit einer Geldstrafe belangen. Aber ein Attentat? Caruso ein Terrorist? Er besaß nicht einmal eine Wasserpistole.

Sie waren zusammen, seit Martina die Gruppe SchwertFisch angerufen hatte. Seltsam, aber das war auf den Tag genau vor drei Jahren. Der Beitrag in einem TV-Magazin am späten Abend über die neue Initiative hatte sie fasziniert. Marius Lukas alias Caruso war souverän und bestimmt aufgetreten, nicht mit erhobenem Zeigefinger oder gar als Besserwisser. Selbstsicher und abgeklärt hatte er gewirkt, und gut ausgesehen hatte er sowieso.

Martina hatte nicht lange gefackelt, sich schlaugemacht und Kontakt mit der Gruppe aufgenommen. Bald hatte sie Caruso persönlich getroffen, und zwischen den beiden hatte es nicht gefunkt, sondern gezischt und explosionsartig geknallt. Dass sie bereits am Abend dieses Tages im Bett gelandet waren, dafür hätte sich Martina bei jedem anderen geschämt. Für Caruso musste sie sich nicht entschuldigen. Außerdem hatten sie beide niemand anderen, den sie damit hätten verletzen können. Das Single-Dasein hatte für beide ein Ende. Sie waren zusammengezogen. Gemeinsam hatten sie Antje, die Frau mit Trisomie 21, zu sich geholt und ihr eine Anstellung im Heim beschafft. Alles ging so glatt und lief wie geschmiert, ihr Leben, ihre Liebe, ihr Engagement.

Als agrarwirtschaftlich-technischer Assistent beriet Caruso landwirtschaftliche Betriebe, konnte sich seine Zeit einteilen und verdiente dennoch gut. Besser als Martina, die als Heilerziehungspflegerin zwar ein geregeltes, aber nicht gerade üppiges Einkommen aufwies. Mit SchwertFisch hatten sie großen Erfolg in Deutschland und sogar Europa. Und nun so etwas!

Martina unterdrückte eine Heulattacke, um Antje nicht zu erschrecken. Ihre Freundin hatte in den letzten Stunden genug mitgemacht.

Auf dem Weg zu Martinas Wagen passierten sie eine Eisdiele.

„Möchtest'n Eis, Antje?", spielte sie ihre Gefühle herunter.

Antje machte „hm". Sie lächelte nicht mehr. Sicher spürte das Sensibelchen Martinas Anspannung. Martina kannte sie nur zu gut. Sie hätte ihr auch zugestimmt, wenn sie gefragt hätte, ob sie zum Nordpol fliegen wolle.

Während Antje eine große Portion schleckte, versuchte Martina vergeblich, Caruso ans Telefon zu bekommen.

Natürlich hatten sie es ihm abgenommen. Sie probierte, Claus zu erreichen, ein Mitglied von SchwertFisch, der in Hannovers Polizeidiensten stand.

Er meldete sich mit seiner typischen schnoddrigen Art, nachdem er Martinas Nummer erkannt hatte.

„Hier spricht Clausi."

„Mann, Claus." Martina wirkte erleichtert. „Weißt du, was eure Leute mit Caruso anstellen?"

„Hä? Wir haben hier einiges zu tun. Man hat Minister Herold angeschossen. Weißt du, was hier los ist?"

„Eben deswegen." Claus wusste noch nichts von Carusos Festnahme? „Claus, ihr habt Caruso in Verdacht, das getan zu haben!"

Martina redete zu laut, um die Leute an der Eisdiele nicht auf sich aufmerksam zu machen. Sie fuhr ihre Stimme wieder in den Keller: „Und du hast keine Ahnung?"

„Nö, warte mal …"

Antje hielt Martina ihre Eiswaffel und den kleinen Plastikspatel hin.

„Probierst du auch?"

Martina schüttelte den Kopf. Claus meldete sich wieder.

„Scheiße, Martina. Ja, für Marius Lukas ist U-Haft beantragt worden. Das geht ganz fix bei uns."

„Kannst du was tun? Kann ich zu ihm?"

„Das sind zwei Fragen auf einmal. Ich glaub nicht, dass ich was tun kann, Martina. Ich bin ja nur ein kleines Würstchen. Aber einen Besuch dürfen sie ihm nicht verweigern – hoffe ich wenigstens."

„Wo …?"

„Polizeidirektion in der Waterloostraße. Neun."

Sie hatte nicht daran gedacht, dass Claus wirklich nichts für Caruso tun konnte. Er war Polizist. Wenn die Gruppe SchwertFisch, in der Claus Mitglied war, wegen Carusos angeblichem Anschlag als Terror-Organisation eingestuft wurde, verlor er seinen Job nach höchstens einer Erdumdrehung.

Martina bedankte sich knapp und steckte ihr Telefon zurück in die Gürteltasche, die sie bei jeder Gelegenheit trug. Handtaschen waren ihr zu unpraktisch. Sie wollte ihre Hände frei haben.

Antje und sie erreichten ein paar Minuten später das Parkhaus, in dem sie ihren Wagen geparkt hatte.

Martina mahnte Antje, die das nicht gerne machte, sich anzuschnallen.

Hastig tippte sie Waterloostraße 9, Hannover ins Navi.

DETEKTEI WARTHENS, 15.00 UHR

Michael Warthens hatte seine Detektei vor einem halben Jahr aus der Privatwohnung in die Innenstadt von Rosenheim verlegt. Der 58-jährige geprüfte Detektiv genoss den Blick auf den Ludwigsplatz, den grünen Markt mit dem Würstelstand und den Brunnen. Die extrem hohe Miete konnte er sich leisten. Der Laden lief. Bis vor kurzem hatte er einen schwarz-weißen Smart der ersten Generation gefahren. Nun stellte er seinen nagelneuen BMW auf einem Dauerparkplatz unter, im Parkhaus mit dem schönen Namen „P 7, Altstadt Ost“. Das Gebäude lag zwar zu Fuß gut fünf Minuten vom Büro entfernt, dafür hielt er sich fit, wenn er den Wagen mal brauchte. Zwei Mitarbeiter erledigten die kleineren Aufträge, private Recherchen oder punktuelle Laden-Überwachungen.

Morde in einer Häufigkeit wie seit Jahrzehnten nicht mehr hatten Michael und die Rosenheimer Kriminalpolizei drei Jahre lang auf Trab gehalten. Schlussendlich hatten sie die Täter gefasst und ihre Motive erfolgreich aufgeklärt. Michael dachte oft darüber nach, wie schwer er sich am Anfang getan hatte, besonders, weil er selten ein Honorar für seine Mühen bekommen hatte. Mittlerweile sah er seine damaligen Einsätze als Werbung für die Detektei. Sein Name war häufig in den Medien genannt worden, besonders lobend erwähnt von Kommissar Obermeier. Der gebürtige Franke hatte sich die Pension redlich verdient, fand Michael. Der Alte war vorige Woche zu seinem Sohn nach Neuseeland geflogen, und wahrscheinlich blieb er für den Rest seines Lebens dort. Sie hatten sich nach jahrelanger Funkstille wohl wieder versöhnt.

Michael ging das „Allmächt“ des alten Nörglers richtig ab. Aber sein Leben musste weitergehen.

In seinem Büro konnte er Klienten empfangen, Besprechungen mit Mitarbeitern durchführen und arbeiten wie es sich für einen Firmen-Inhaber gehörte. Hier war er ungestört von privaten Anrufen – vor allem von seiner Tante Berti, einer ehemaligen Sennerin, die in einer Einrichtung mit betreutem Wohnen lebte. Er hatte ihr die Telefonnummer des neuen Büros noch immer nicht zukommen lassen. Und Handys konnte man ausschalten.

Conny, seine beste Freundin und so etwas wie Hellseherin von Beruf, wusste die Nummer natürlich.

Es klingelte. Ein neuer, potentieller Kunde stand vor der Tür: Robert Robeus.

Robert stellte sich vor, und Michael bat ihn herein. Der Besuchersessel machte Robert kleiner, als er mit seinen sportlichen hundertachtzig Zentimetern in Wirklichkeit war. Michael dagegen hatte seinen Bürostuhl höher eingestellt und somit dafür gesorgt, dass seine Besucher zu ihm aufsehen mussten. Den Trick hatte er sich von Kommissar Obermeier abgeschaut. Damals war Michael immer der kleingehaltene Gast gewesen.

„Wir kennen uns vom Gymnasium“, stellte Robert eine Brücke in ihre Vergangenheit her. Er hoffte, so redete es sich leichter über die Dinge, die da folgen sollten.

Michael wunderte sich.

„Echt jetzt? Sie sind doch bestimmt um einiges jünger als ich.“

„Ich weiß. Sie waren damals schon in der Abi-Klasse, und ich noch ein Sextaner, einer der Neuen. Auf dem Pausenhof hatten Sie mich mal vor einem Typen gerettet — sozusagen.“

Michael kratzte sich mit dem Zeigefinger am Kopf.

„Okay. Ich kann mich … doch ja. Das war doch der Zieringer Heino.“

„Der später im Stadtrat saß und dann ziemlich spektakulär im Wassergraben am Ludwigsplatz endete“, ergänzte Robert.

Mit einer Miene, als hätte er in den sauersten Apfel seit Adam gebissen, bestätigte Michael: „Ja, drüben im Gerinne. Ich war ja in den Fall involviert.“

Robert nickte.

„Deshalb komme ich zu Ihnen. Sie sind gut darin, schwierige Dinge zu lösen, Herr Warthens.“

Michael verkniff sich ein Grinsen.

„Sagen Sie Michael.“

„Gut. Dann sagen Sie auch Robert zu mir. Also, Michael, ob Sie mir wirklich bei meiner Angelegenheit helfen können, weiß ich nicht. Und auch wenn es mich ein Vermögen kosten sollte, nur mit Ihnen zu reden, so ist es mir das wert."

„Moment", unterbrach Michael mit einer abwehrenden Handbewegung. „Das hier ist ein erstes Sondierungsgespräch und natürlich kostenlos. Über alles andere reden wir nachher. Also, ich höre."

Robert berichtete Michael ausführlich von dem mysteriösen Mann in Lissabon, dessen Absichten und zeichnete einen Bogen zum aktuellen Attentat in Hannover.

Michaels Blicke wurden dabei so finster, als würde die Nacht hereinbrechen. Nach zehn Minuten endete Robert mit dem Satz: „Jetzt muss ich eventuell sogar um mein Leben fürchten."

Michael hatte verstanden und fasste zusammen: „Sie wohnen also jetzt bei einer Freundin, weil Sie denken, der Auftraggeber könnte Ihre Ablehnung missverstanden haben. Oder besser, Sie als Mitwisser beseitigen. Die Polizei haben Sie ja schon verständigt. Warum eigentlich anonym?"

„Ich will mich da nicht mit hineinziehen lassen. Die können mich auch nicht schützen, wenn da tatsächlich eine extreme politische Kraft dahintersteckt."

Michael überlegte.

„Ganz unmöglich scheint Ihre Theorie nicht zu sein. Haben Sie an einen islamistischen Hintergrund gedacht? An rechts- oder linksextreme Gruppierungen? Unliebsame Politiker zu beseitigen, das dürften einige Wahnsinnige auf der Liste haben. Nur, wie soll ausgerechnet ich Ihnen dabei helfen, das rauszukriegen? Und Bewachung von meinen Leuten wollen Sie bestimmt nicht. Ich meine, Sie geben doch kein Geld für etwas aus, das Sie selbst machen. Sie sind Inhaber einer Security-Firma!"

„Einer sehr gut gehenden", betonte Robert.

„Ja ja", Michael rieb Daumen und Zeigefinger aneinander, „das Geschäft mit der Angst der Leute boomt."

Ob Michael das sarkastisch oder wirklich ernst gemeint hatte, ließ Robert dahingestellt.

„In der Zwischenzeit sollen sie einen Verdächtigen in Hannover festgenommen haben“, ließ er den Detektiv wissen. „Wenn man in dessen Umfeld recherchieren würde …? Vielleicht hatte er ja vom selben Kerl den Auftrag, wie ich ihn bekommen sollte.“

Michaels Kopf lief nicht nur wegen der Hitze heiß. Die Klimaanlage im Büro funktionierte zwar, aber er wollte sich keinen chronischen Schnupfen holen und ließ das Gerät aus. Er glühte. Der Auftrag konnte interessant werden. Endlich mal wieder was Großes! Aber wo sollte er ansetzen? Am Sonntag sollte der Minister in Rosenheim reden. Was, wenn er tatsächlich auch zum Opfer würde? Müsste er das nicht ebenso zu verhindern versuchen wie Robert?

„Warten Sie mal, Robert“, sagte er knapp. Nebenan befand sich ein winziger Warteraum, der eigentlich als Garderobe gedacht war. „Hier, nehmen Sie bitte Platz.“

Wieder alleine im Büro holte er sich sämtliche Nachrichtenseiten im Netz, die vom Attentat in Hannover berichteten, auf sein Laptop. Es war vor über drei Stunden passiert, und alle News-Portale überschlugen sich mit Tickern zum Geschehen. Demnach sollte der Festgenommene der Vorsitzende von SchwertFisch sein, einem Verein, der sich politisch hauptsächlich im Umweltbereich engagiere, aber auch soziale und gesellschaftspolitische Veränderungen anstrebe. Der Verdächtige hieß Marius L., 35, und sei mit einem Lastwagen vor die Rednerbühne gefahren.

Oh Gott, durchfuhr es Michael, nach den Anschlägen in Nizza und in Berlin – nicht schon wieder ein Lastwagen!

Aus dem LKW sei geschossen worden. Die Waffe habe man im Laster sichergestellt.

Michael überlegte. SchwertFisch. Hatte Conny nicht kürzlich davon gesprochen?

Er wählte die Nummer seiner Freundin. Auf dem Display seines Smartphones erschien das Foto einer rothaarigen, sommersprossigen Frau.

HANNOVER, WATERLOOSTRAẞE

Martina parkte auf dem Schützenplatz in der Nähe des Waterloo-Biergartens. Sie fühlte sich in der Zwickmühle. Sollte Antje im Wagen warten, während sie in der Polizeidirektion sein würde? Oder durfte sie überhaupt mit zu Caruso?

Im Auto war es viel zu heiß. Außerdem trug Martina die Verantwortung für ... ja, für wie viel denn noch. Für Antje, für den Verein, für ihre Schützlinge im Sozialhaus Nelkenhof, für ihre Mutter, die unbedingt zurück in ihre alte Heimat Bayern ziehen wollte, was Martina ihr ermöglichen sollte. Und natürlich für sich selbst. Sie trug die Verantwortlichkeiten gerne, manchmal sogar mit Fassung. Mit Caruso an ihrer Seite empfand sie vieles leichter. Beide konnten ihre Freuden und ihre Pflichten teilen, aufteilen und gemeinsam genießen oder ertragen. Im Moment war Caruso weggebrochen.

Noch im Auto auf der Fahrt zur Polizei hätte sie beinahe eine Panikattacke erfasst. SchwertFisch! Solange Carusos Unschuld nicht bewiesen war, musste sie, Martina allein, für den Zusammenhalt sorgen. Tausenden von Mitgliedern, zigtausenden Sympathisanten würde sie erklären müssen, was nun werden sollte—sie wollte nicht daran denken, konnte das im Moment auch nicht. So taff sie auch war, sie musste Caruso sprechen. Jetzt.

Martina stellte den Motor ab, ging ums Auto herum und
öffnete die Beifahrertür.

„Steig aus."

Antje tat, was Martina so schroff gesagt hatte. Ängstlich sah sie ihrer Freundin in die finster blickenden Augen.

„Böse?"

Martina versuchte, ihre Anspannung nicht an Antje auszulassen.

„Natürlich nicht. Es ist nur heiß."

Schnell erreichten sie zu Fuß die Direktion.

„Ich muss jetzt da drin was erledigen. Etwas Schwieriges."

„Ist Caruso da drin?", ahnte Antje.

Martina nickte.

„Warum?"

„Das frag ich mich auch!", stöhnte Martina. „Komm."

ROSENHEIM, LUDWIGSPLATZ 15.25 UHR

Eigentlich hatte Michael Warthens sich vorgenommen, am morgigen Donnerstag ein paar Kreise mit seinem Flugdrachen zu ziehen. Viel zu selten kam er dazu. Was Conny ihm nach seiner Frage nach SchwertFisch am Telefon erzählte, ließ ihn die Luft anhalten. Drachenfliegen blieb in nächster Zeit ein frommer Wunsch.

„Und du bist dir sicher, dass die das sind?"

Connys sonst so milde Stimme merkte er an, wie betroffen sie über das war, was sie erfahren hatte.

„Ja. Meine Cousine in Niedersachsen ist selbst bei SchwertFisch. Der Chef der Organisation sitzt jetzt in U-Haft. Nie und nimmer hätte der ein Attentat mit einer Waffe begangen. Im Gegenteil. Wir protestieren zwar manchmal mit drastischen Mitteln, aber nicht mit offensiver Gewalt. Wir sind doch keine Rowdys aus der rechten oder linken Autonomen-Szene."

Conny prustete ins Telefon.

Wieso sprach Conny in Bezug auf den ihm mäßig bekannten Club in der ersten Person Plural? Wir? Michael hörte auf, Strichmännchen auf den Notizblock zu malen. Jetzt schrieb er: Schwertfisch.

„Ich habe hier einen Mann, der behauptet, von jemand für solch ein Attentat, noch dazu eines hier in Rosenheim, auf den Umweltminister angeheuert worden zu sein. Der hat abgelehnt, und er fürchtet nun, dass er als Mitwissender auf der Abschussliste steht."

„Und was hast du damit zu tun?"

„Rausfinden, wer die Auftraggeber sind."

Er hörte Conny atmen.

„Mike, ist das nicht …"

„Wie kann ich deine Cousine erreichen?"

Conny versuchte nicht weiter, ihn von dem Fall abzuhalten. Sie kannte ihn gut genug. Im Kopf arbeitete er bereits daran.

„Okay, ich erklär's dir: Sie ist die Tochter einer jüngeren Halbschwester meiner Mutter."

Sie wartete einen Moment, bis Michael kapiert hatte.

„Klar."

„Sie heißt Martina Lehnkamp, lebt in Wangerland an der Nordsee. Der Kontakt mit meiner weitschichtigen Verwandtschaft war kein besonders intensiver, bis sie mich vor ein paar Monaten für SchwertFisch begeisterte."

Michael schluckte.

„Wieso weiß ich nichts davon?"

„Na ja. Du bist so beschäftigt, und ich wusste nicht, wie du zu solch einer Sache stehst?"

Michael steckte den als Frage verpackten Mitgliedsantrag weg.

„Hast du eine Telefonnummer? Und recherchier schon mal die kürzeste und schnellste Route nach Hannover – oder Wongeland."

„Wangerland", berichtigte Conny. „Ich bin aber nicht einer deiner Mitarbeiter, mein Lieber."

„Falls ich dorthin fahre, kommst du doch mit, oder?"

Conny schnaubte.

„Du, ich habe hier Termine!"

Sie arbeitete erfolgreich als selbstständige Lebensberaterin mit hellsichtigen Fähigkeiten. Ihre Hellsichtigkeit bestand in erster Linie aus einer einfühlsamen Gabe, die sie aus Indien mitgebracht hatte. Jemand hatte sie mal als verrückte Glaskugelguckerin bezeichnet.

Michael war das nicht.

„Ich weiß", gab er nach. „Nur für alle Fälle."

„Ich schicke dir Martinas Nummer aufs Handy."

Conny legte auf.

Martina Lehnkamps Mailbox sprang auch nach dem dritten Anruf an. Michael gab auf, stellte sich kurz vor und bat die junge Frau, ihn zurückzurufen. Es ginge um – er schaute auf seinen Notizblock – Schwertfisch.

Er bat Robert zurück ins Büro.

„Ich bin interessiert an Ihrem Fall. Ehrlich gesagt weiß ich kaum, wo ich ansetzen soll."

Robert hatte sich noch nicht gesetzt und wiederholte: „Kaum? Also doch irgendwie?"

„Ja. Die Festnahme des Vorstands von diesen Schwertfischen als Verdächtigen – also, ich habe da jemand in Niedersachsen ausgemacht, der ihn angeblich gut kennt."

„Ja und?"

„Es kann sein, dass ich dort etwas über die Hintergründe erfahre. Jedenfalls glaubt meine Informantin nicht, dass dieser Mann der Täter ist. Aber weiß man's! Wenn, dann könnte diese Organisation doch auch für Ihren Auftrag verantwortlich sein."

Robert überlegte kurz und schüttelte den Kopf.

„Ich habe von denen schon gehört und gelesen. Ich weiß nicht, was ich davon halten soll. Aber wie einer von denen hat der in Lissabon ganz sicher nicht auf mich gewirkt. Im Fernsehen treten die doch auf, als wären sie sowas wie eine grasgrüne Friedensbewegung."

„Weiß man's?", wiederholte Michael.

Robert trat ans Fenster des Büros und betrachtete die Aussicht auf den Markt, dessen Stände am Nachmittag geschlossen waren. Wenige Leute schlenderten darüber, die meisten nutzten bei der Hitze lieber den kühlen Arkadengang mit den dahinterliegenden Läden auf der Südostseite des Platzes.

Eine junge Frau trat aus den Arkaden ins Licht. Sie war etwas rundlich und kam Robert sofort bekannt vor. Kurze, rötliche Haare. Schlabberjeans.

„Sylvie", murmelte Robert.

Hannover, Polizeidirektion 15.29 Uhr

Martina und Antje warteten im Foyer der Direktion. Die Überprüfung von Martinas Personalausweis dauerte eine gefühlte Ewigkeit. Mehrmals sahen die beiden Beamten hinter der Panzerglasscheibe auf das Dokument und wieder zu ihr.

Einer telefonierte schließlich. Martina wurde an die Durchreiche gerufen, wo sie ihren Ausweis zurückbekam. Ihr Handy sollte sie erst wieder erhalten, wenn sie das Gebäude verließ.

„Kommt gleich jemand", erfuhr sie von dem jungen Polizisten, der sie nicht aus den Augen ließ.

Kurz darauf trat ein glatzköpfiger, großer Herr in Zivil an Martina heran und stellte sich vor.

„Mein Name ist Burghard, Kriminalhauptkommissar Ole Burghard. Sie wollen also zu Herrn Lukas?"

Martina verschmähte die angebotene Hand.

„Genau. Und zwar sofort!"

„Nun mal langsam." Der Kommissar hob beide Hände wie zur Abwehr. „Sie wissen, warum wir Herrn Lukas festgenommen haben und warum ein Haftbefehl auf ihn ausgestellt wurde?"

„Ja. Und das ist kompletter Unsinn!"

„Kennen Sie die näheren Umstände seiner Festnahme?"

Martina schüttelte den Kopf.

„Na, dann kommen Sie mal mit."

Mit bangen Blicken zu Antje, die wie angewachsen auf dem Klappstuhl kauerte, fragte Martina, ob ihre Begleiterin mitdurfte.

„Das ist Frau Antje Lüders, nicht wahr.“ Der Kommissar kniff die Augen zusammen, als könnte er sie nicht richtig erkennen. „Sie wissen ...“

„Dass sie verdächtig ist? Ja mein Gott. Sehen Sie sie doch an. Geht's noch?“

„Mitkommen“, fasste Burghard sich kurz. „Beide.“

Im Büro des Kommissars sah es um einiges unaufgeräumter aus als auf seinem Haupt. Der Schreibtisch quoll über von Papieren aller Art, Schriftstücken, Akten in- und außerhalb von Ordnern, und einer Armee aus zerknüllten Schokoriegel-Hüllen, vorzugsweise in Knallrot. In einer Ecke lehnte ein zerfledderter grüner Regenschirm. Fünf aufeinandergestapelte schlichte Holzstühle, die Martina an verschlissene Sitze in alten Schulräumen erinnerten, waren neben die Tür geschoben worden.

„Setzen Sie sich bitte“, näselte der Kommissar.

Martina fiel auf, dass seine Stimme trotz der tiefen Tonlage etwas Quäkendes besaß. Entweder er hatte Schnupfen oder Asthma, oder beides.

Ohne lange zu fragen, schnappte sich Martina zwei der Stühle, stellte sie vor Burghards Schreibtisch und deutete Antje, sich neben sie zu setzen.

Der Kommissar hatte den Schreibtisch unfallfrei umkurvt und nahm auf seinem Chefsessel Platz.

„Sie können sich vorstellen, dass in der aktuellen Lage ein Besuch bei Herrn Lukas nicht möglich ist. Er wurde zur Untersuchungshaft in die JVA verlegt.“

„Aktuelle Lage“, äffte Martina nach und imitierte dabei das Näseln des Kommissars. Antje musste trotz ihres Unbehagens kichern.

„Wissen Sie was bei SchwertFisch los ist – bei der Lage?“

Martina zeichnete Häkchen in die Luft. „Noch wissen nicht alle, was mit Caruso im Moment passiert. Aber bald. Sie riskieren dutzende Demos mit tausenden von Menschen.“

Der Kommissar lehnte sich zurück, als jucke ihn die Drohung nicht.

„Wir machen unsere Arbeit, Frau Lehnkamp. Nicht mehr und nicht weniger. Sie sind hier im Zentralen Kriminaldienst bei der Kriminalfachinspektion 4. Unser Arbeitsgebiet umfasst die Aufklärung politisch motivierter Straftaten. Wir, die KFI, gehen davon aus, dass es sich darum handelt. Wir ermitteln natürlich auch, ob andere Gründe wie private Rache, Eifersucht und so weiter vorliegen. Wenn sich herausstellt, dass Herr Lukas unschuldig ist, erledigt sich Ihre Sorge von selbst. Danach sieht es allerdings nicht aus."

„Wie waren denn die Umstände, wie Sie sagen, bei seiner Verhaftung?"

Kommissar Burghard schaute von Martina zu Antje und wieder zurück.

„Was hatte er am Neustädter Markt mit einem Lastwagen zu suchen? Er wurde kurz zuvor kontrolliert. Es sah alles nach einem Irrtum aus. Dann fielen die Schüsse. Schüsse aus einer Waffe, die wir im Laster fanden. Es ist die Tatwaffe, das steht fest. Also, was glauben Sie? Dass wir das ignorieren?"

„Natürlich nicht." Martina fühlte Angst in sich aufsteigen. „Was für eine Waffe? Sind denn seine Fingerabdrücke drauf?"

„Das überprüfen wir noch."

„Und das Motiv?"

„Frau Lehnkamp, ich bitte Sie", näselte Kommissar Burghard mit Blick an die Decke, „Ihr Verein ist der erklärte Feind der etablierten Parteien, besonders der Umweltpolitiker, die Sie als pseudo-ökologisch bezeichnen."

Martina machte nur „Pah".

Antje merkte, dass ihre Freundin nicht weiter wusste.

„Caruso hat nichts gemacht", half sie Martina, „nichts Schlimmes. Nur Sachbeschädigung."

Der Kommissar fixierte sie mit eisernem Blick.

„Was? Was hatte er am Ministerium vor?"

„Sie wollten den Plastikmüll abladen", gab Martina ohne Umschweife zu, „Müll aus der See, den wir in der Nacht am Strand gesammelt hatten. Einen ganzen Lastwagen voll! Muss man sich mal vorstellen. In nur ein paar Stunden."

„Und aus der Aktion ist dann nichts geworden", riet der Kommissar, „weil wir vor Ort waren und den Lastwagen gestoppt hatten. Dann hat Herr Lukas wohl umdisponiert!"

„Geht's noch! Wie blöd hätte man sein müssen, unter den Augen der Polizei aus einem Lastwagen heraus zu schießen!"

Antje begann zu schluchzen. Martina griff sich ihre Hand und drückte sie. Das verhinderte meistens, dass Antje einen Heulkrampf bekam.

Martina selbst atmete heftig. Ihr schlanker Körper zitterte vor Aufregung und Wut.

„Die Scheiß-Waffe hat ihm jemand untergeschoben. Wahrscheinlich, damit ihr gleich jemand habt. Für die Presse. Und praktischerweise auch noch einen Schuldigen von SchwertFisch. Der Boss selbst. Schön eingefädelt!"

Der Kommissar stutzte.

„Um Sie zu beruhigen, sofern Ihnen das überhaupt möglich ist: Die Sachlage spricht zwar momentan gegen Herrn Lukas, aber ich persönlich denke, dass da noch einiges zu klären ist, bevor wir endgültig von der Schuld Ihres Freundes ausgehen. Das Motiv könnte zwar eindeutiger nicht sein. Das Mittel dagegen … Es wäre wirklich dumm von Ihnen, sich so sehr zu radikalisieren, dass der Rückhalt in der Bevölkerung für Ihren Verein den Bach runter geht. Sie wollen eine politische Partei werden, nicht wahr?"

Martina nickte. Der Kommissar ließ sich nicht vom Offensichtlichen täuschen. Gut so. Ein wenig Hoffnung keimte in ihr auf, dass sich bald alles zum Guten wenden würde.

Trotzdem: „Alle Welt geht nun von einem Mord aus, der von Caruso begangen wurde. Bis sich seine Unschuld herausstellt, werden sich viele von uns abwenden."

„Tja", ließ Kommissar Burghard hören, „da kann man dann nichts machen. Sie wissen, dass Sie das Land nicht verlassen dürfen?"

„Ich?" Martina hatte gedacht, nur Antje wäre fälschlich in Verdacht, von Mordplänen gewusst zu haben.

„Sie sind die Vertreterin des Vorsitzenden von SchwertFisch. Was denken Sie? Wenn Sie nicht freiwillig gekommen wären, hätten wir Sie sowieso vorgeladen. Der Polizeipräsident wollte Sie bereits in der Polizeiinspektion Mitte festnehmen lassen. Nur, ehrlich gesagt, hatten wir keine ausreichenden Gründe für eine Festnahme. Also, bleiben Sie erreichbar."

Martina zeigte sich konsterniert.

„Werden Sie mich observieren?"

Ohne erkennbare Mimik sagte der Kommissar: „Bitte!"

Martina und Antje erhoben sich zum Gehen.

„Frau Lehnkamp – und Frau Lüders", hielt er sie zurück, „der Minister ist verletzt. Wie schwer, kann ich nicht sagen. Aber er ist nicht tot."

Wollte er sie damit beruhigen? Wahrscheinlich.

„Danke", würgte Martina hervor.

Draußen begleitete sie ein Beamter zurück zum Foyer.

Mit Bauchgrummeln trat Martina mit Antje an der Hand ins Freie. Sie hatte ihr Smartphone zurückbekommen und schaltete es ein. Auf der Mailbox waren Sprachnachrichten gespeichert.

Zurück im Wagen, der in der Sonne schmorte, hörte sie die Mitteilungen ab. Die meisten kamen von SchwertFisch-Freunden, die ihre Nummer kannten. Eine Nachricht kam ihr merkwürdig vor. Ein Detektiv aus Rosenheim wollte sie sprechen. Rosenheim? Bayern. War etwas mit Cousine Conny?

ROSENHEIM, SYLVIE

Robert griff zur Türklinke in Michaels Büro: „Entschuldigen Sie mich bitte einen Moment."

Er verschwand durch die Tür, ohne sie zu schließen.

Michael schüttelte den Kopf. Was war denn das jetzt? Die Annahme lag nahe, dass unten auf dem Ludwigsplatz etwas vorgefallen war.

Er sah aus dem Fenster und beobachtete, wie Robert auf eine junge füllige Frau einredete. Er fuchtelte mit den Armen, die Frau nickte, zuckte mehrmals mit den Schultern und verneinte zwischendurch mit heftigen Bewegungen ihres Rotschopfs.

Schließlich schauten beide gemeinsam zu Michaels Bürofenster hoch und machten sich auf den Weg ins Detektivbüro.

Robert machte Michael mit Sylvie bekannt. Die schüttelte dem privaten Ermittler lang und energisch die Hand. Hastig klärte Robert Michael auf, unter welchen Umständen sie sich gestern kennengelernt hatten. Unten auf dem Platz habe sie vorhin den Verein SchwertFisch erwähnt.

„Dann bat ich sie, mit hierher zu kommen. Ist doch okay?"

Endlich ließ Sylvie Michaels Hand los.

„Hey. Was läuft hier eigentlich?"

„Das frage ich mich auch." Michael blickte Robert fragend an.

„Okay. Nochmal: Sylvie ist Mitglied der Ortsgruppe Rosenheim von SchwertFisch. Wir sind uns gestern zufällig begegnet. Ich habe den seltsamen Verein beobachtet, der sich hinter der Nikolauskirche herumgetrieben hat. Selbst nach dem Wenigen, das ich von SchwertFisch weiß, kann ich mir jetzt nicht mehr vorstellen, dass das eine friedliche, harmlose Truppe ist."

Sylvie verdrehte genervt die großen Kulleraugen.

„Klar, die Ortsgruppe hier ist etwas schräg", sie blickte grinsend zu Robert, „schräger als die anderen. Das macht uns aus. Wir sind halt ein bunter Haufen, aber wir haben ein Ziel."

„Und das wäre?"

„Schluss mit dem Wahnsinn!"

„Wahnsinn hat viele Gesichter." Robert verschränkte die Arme vor seiner Brust. „Welchen meinst du? Wollt ihr die Demokratie abschaffen?"

„Spinnst du! Im Gegenteil! Es wäre halt schön, wenn es in wichtigen Fragen nicht immer nur einsame Politikerentscheidungen gäbe. Jeder sollte gefragt werden, ob er es gut findet, zum Beispiel ständig Plastikverpackungen einkaufen zu müssen, oder mit Pestizid verseuchtes Gemüse zu essen."

Robert konterte: „Stellt sich die Frage, was die wirklich wichtigen Fragen sind. Und da hat jeder seine eigenen Vorstellungen. Für mich ist im Moment etwas ganz anderes wichtiger als Giftgemüse!"

Michael hatte bislang geduldig zugehört. Da alle drei im Büro herumstanden wie bei einem Cocktailempfang, bat er die beiden, Platz zu nehmen. Er rückte Sylvie einen zweiten Besuchersessel vor den Schreibtisch und setzte sich ebenfalls.

„Ganz richtig", knüpfte er an das Letztgesagte an, „es geht nicht um politische Programme. Dazu sind wir nicht hier und müssen nicht darüber diskutieren, dass die einen ohne Verpackung einkaufen und die anderen die Welt mit Öl und Autos zusch... zumüllen. Einzig und allein um einen Mord geht es, den Sie, Robert ..."

Michael brach ab und sah zu Sylvie. Er wusste nichts über sie. Sie gehörte zu SchwertFisch. Wenn sie mitbekam, dass Robert zu einem Attentat auf den bayerischen Umweltminister angeheuert werden sollte, würde sie blitzschnell einen Zusammenhang mit der Tat in Hannover herstellen. Mittlerweile pfiffen alle Journale die Verhaftung ihres Vereinsbosses von den Dächern. Sylvie würde sofort bereit sein, der Polizei alles über Robert zu verraten. Das würde die Tat in einem anderen Licht dastehen lassen.

Prompt war Sylvie hellhörig geworden.

„Um was geht's hier eigentlich wirklich?"

Michael faltete die Hände und tat nachsichtig.

„Frau?“

„Cantor“, vervollständigte Sylvie ihren Namen.

„Frau Cantor. Herr Robeus ist bei mir, weil er sich verfolgt fühlt. Da ist Ihr Verein nicht ganz unschuldig daran.“

„Wieso?“, motzte Sylvie wie ein Teenager und zog die Oberlippe hoch.

„Herr Robeus hat Ihre Begegnung gestern Abend auf sich gemünzt. Aber es geht eigentlich um einen ganz anderen Fall“, schwindelte Michael.

„Na ja“, nahm Robert die Steilvorlage an und wandte sich an Sylvie, „ihr habt da so einen merkwürdigen Spruch losgelassen gestern Abend. Irgendwas mit Morituri oder sowas.“

„Und?“

Michael meinte, das bedeute doch „dem Tod geweiht“, oder „die Todgeweihten“.

Amüsiert kicherte Sylvie.

„Ach das! Nö, da hast du dich sauber verhört. Deshalb haben wir uns ja im Freien getroffen, bevor wir zum Klosterkeller gezogen sind, um zu feiern. Ein paar von uns waren aus Belgien zurückgekommen, wo sie eine Aktion durchgeführt hatten. Die haben ein belgisches Bier mitgebracht. Mort Subite ist eine belgische Biersorte. Das haben wir vorher durch die Kehle vernichtet. Konnten es ja nicht mit in die Wirtschaft nehmen.“

Sie lachte auf.

„Na dann, vielen Dank für die Infos, Sylvie.“ Robert hatte sich ein wenig mehr von ihr erhofft.

„Wollen wir in Kontakt bleiben?“

„Ihr seid doch viel zu alt!“ Sie grinste unverblümt. „Aber ganz sicher. Tschüss.“

An der Tür drehte sie sich noch einmal um.

„Wenn ihr weitere Infos braucht, ich stehe zur Verfügung. Und übrigens: Der Vorstand von SchwertFisch, der in U-Haft genommen wurde, Marius Lukas, war das in Hannover ganz sicher nicht! Das ist ein ganz, ganz großer Irrtum!“

Sie knallte die Tür von außen zu.

Robert und Michael sahen ihr beide mit Gesichtern nach, auf denen geschrieben stand, wie gern sie noch in Sylvies quirligem Alter gewesen wären.

„Nun“, kam Michael gleich wieder zur Sache, „man muss sich doch fragen, wie jemand offen einen Ex-Polizisten wie Sie aussucht, um ihn für einen Mord zu gewinnen. Erstens, jemand muss wissen, wer Sie sind und waren. Zweitens, sind Sie erpressbar? Selbst wenn Sie ablehnten, was Sie ja getan haben, könnten Sie dann nicht darüber reden. Also, sind Sie?“

„Würde ich dann um mein Leben fürchten, wenn die sicher sind, dass ich nichts verraten würde. Hätte ich Sie dann aufgesucht?“

„Sind Sie erpressbar?“

Robert spekulierte zum hundertsten Mal. War er? Der Typ in Lissabon hatte gesagt, er könne nicht nein sagen – ja warum denn eigentlich? Nur zu einem Schluss war Robert gekommen:

„Vielleicht. Da war mal was. Der Grund, warum ich nicht mehr Polizist bin.“

„Irgendeine Leiche im Keller?“

Robert räusperte sich.

„Mein Dienst ... ich bin aus dem Polizeidienst ausgeschieden, weil ich einem Disziplinarverfahren entgehen wollte. Ich habe eine Kollegin angeschossen. Das hätte nicht passieren dürfen.“

Michael schürzte die Lippen.

„Könnte deswegen jetzt noch jemand gegen Sie vorgehen?“

„Ich weiß nicht. Möglich. Irgendwo sind die Dateien und Unterlagen darüber bestimmt noch vorhanden. BND, Verfassungsschutz, das ist alles BMI, und ich meine nicht den Body-Mass-Index, sondern das Bundesministerium des Innern. Nachrichtendienste haben da Zugriff. Man kann Akten ergänzen, verschwinden lassen oder komplett fälschen, um mir was anzuhängen – also erpressbar könnte ich sein. Mit Recht, oder zu Unrecht. Letzteres trifft natürlich zu.“

„Natürlich“, wiederholte Michael. Er machte sich Notizen. Auf seinem Handy kam eine Nachricht an, und er schaute sofort darauf.

„Wo ist eigentlich Ihr Smartphone, Robert? Normalerweise piepst und brummt doch jedes mindestens zweimal in der Minute.“

„Ausgeschaltet. Sicherheitshalber.“

Michael stimmte zu.

„Gut. Sehr gut. Trotzdem, Sie werden eins brauchen. Wir müssen in Kontakt bleiben. Ein Prepaid-Handy würde mit Ihrem Namen registriert werden, aber ich habe mir vor der Umstellung 2017 noch ein paar Karten zugelegt.“

Michael kramte in einer Schreibtischschublade und reichte Robert ein altes Handy samt Karte.

„Ich schreib 's auf die Rechnung. Sind mindestens 20 Euro drauf. Trotzdem, die sind schnell weg.

Er legte sein eigenes Smartphone auf den Tisch und ließ ein „Bitte“ folgen.

„Das kam über eine News-App gerade rein.“

Mit Daumen und Zeigefinger drehte er sein Handy so, dass Robert die Schlagzeile lesen konnte.

Minister angeschossen! Niedersachsens Minister für Umwelt, Energie und Klimaschutz verletzt im Klinikum. Ob Lebensgefahr besteht, wird in den nächsten Stunden bekannt gegeben.

„Also doch kein Mord“, schnaufte Robert.

Michael sah die Lage pessimistischer: „Noch nicht.“

BURGHARD. 15.45 UHR

Hauptkommissar Ole Burghard las den Bericht der KT-Untersuchung. Aus der Fahrerkabine des Mülllasters geborgenen Waffe war geschossen worden. Fingerabdrücke fanden sich keine, oder nur unbrauchbare. Andere Spuren, die möglicherweise einem Täter zuzuordnen wären, würden noch untersucht.

An Marius Lukas' Haut und Kleidung wurden zwar Schmauchspuren festgestellt, aber in so geringer Menge, dass man nicht mit Sicherheit sagen könne, er hätte kurz zuvor eine Waffe mehrmals abgefeuert.

Die beiden Projektile, die das Opfer verfehlt hatten, waren aus dem Rednerpult und einem Holzbalken der Bühnenüberdachung geborgen worden. Die Projektile seien der Waffe zuzuordnen, die am Tatort sichergestellt worden war. Hülsen habe man keine gefunden.

Die dritte Kugel, die den Minister verletzt hatte, befinde sich noch im Klinikum, in dem sie dem Minister herausoperiert worden sei.

Burghard hätte sich gerne die Haare gerauft, wenn er welche besessen hätte. Mitten in seine beste Zeit als Leiter der Mordkommission war dieses Attentat geplatzt. Sein Gehalt war ausnahmsweise mal erhöht worden. Die Scheidung von seiner Frau war harmloser und preislich günstiger verlaufen, als befürchtet, und Morde waren in seinem Zuständigkeitsbereich seit Monaten keine mehr geschehen.

Er hatte zwar einen Verdächtigen und einige Indizien, die für eine Anklage ausreichten. Beweise lagen keine vor. Die Pistole, eine Heckler&Koch P8, konnte jeder, der am Neustädter Markt war, in der Hand gehabt haben. Keine Fingerabdrücke, minimale Schmauchspuren an Marius Lukas, die nur beweisen könnten, dass er doch nicht geschossen hatte.

Sein Telefon pfiff wie eine Schiedsrichterpfeife, eine Erinnerung an seine aktive Zeit als Fußball-Schiri.

„Burghard."

„Hallo Ole. Unger, KT."

„Tach, Max."

Max Unger hatte Neuigkeiten über die Tatwaffe.

„Die Suche nach DNA-Spuren brachte leider nichts. Der Täter muss sehr vorsichtig damit umgegangen sein. Eine geringe Menge an Faserspuren von weißer Baumwolle lassen darauf schließen, dass er feine Handschuhe trug, wenn er die Waffe anfasste."

Burghard wischte sich genervt über die Stirn.

„Und wie soll uns das jetzt weiterhelfen?"

„Du kennst doch die HK P8-Dinger, oder? Bundeswehr und andere bewaffnete Einheiten sind damit zum Großteil noch ausgestattet. Kaliber 9-mal 19. Diese wurde vor einem halben Jahr als gestohlen gemeldet. Das Bundeskriminalamt, genauer deren KT, bestätigte uns die Waffenbestimmung. Wir dürfen das als Land ja nicht, ausschließlich das BKA. Aber da die Waffe bekannt ist, und nicht über deren Geschosse bestimmt werden muss, können wir uns um das Weitere kümmern. Der Eigentümer ist bei einer Unterabteilung eines Nachrichtendienstes, ich glaube ähnlich dem Bundesamt für Verfassungsschutz. Das wird ja immer unübersichtlicher mit denen. Allein in Deutschland gibt es siebzehn Inlandsgeheimdienste. Manche arbeiten in deutschen Botschaften im Ausland. Jedenfalls hat derjenige Probleme gekriegt, nachdem ihm der blöde Fehler mit der Dienstwaffe passiert ist. Er ist in eine Auslandsbotschaft versetzt worden."

„Ist ja noch schöner", brummte Burghard.

„Genau, schön." Max' Grinsen konnte der Kommissar förmlich hören. „Zur Sache: Die Waffe hat im Magazin fünfzehn Patronen. In der Tatwaffe fehlen exakt vier. Wir haben aber nur drei gefunden, wenn man die aus Minister Herolds Schulter dazu nimmt."

„Hm, das ist in der Tat interessant. Das vierte Projektil könnte doch auch irgendwo gelandet sein, dort, wo es niemand findet. Nein, Zeugen sagten ja aus, exakt drei Schüsse gehört zu haben."

„Oder jemand hat zuvor bereits einmal einen Schuss abgegeben, ja." Max schnaufte schwer. „Dazu müsste der Täter mit einem Schuss weniger zum Tatort gekommen sein."

Burghard überlegte: „Wenn er die Waffe gestohlen hat, konnte er lediglich keine Gelegenheit gehabt haben, neue Munition zu kaufen. Man braucht Waffenscheine in unserem Land."

„Ja, und Führerscheine, und trotzdem fahren jede Menge schwarz."

„Danke, Max. Wir haben ja einen Verdächtigen, den wir fragen können."

Rosenheim, Detektei. 15.45 Uhr

Selten hatte jemand von Michael Warthens Unmögliches verlangt. Für Roberts Auftrag bedurfte es so etwas wie ein Wunder, fürchtete Michael, wenn er das astrein hinbekommen würde.

Wer erpresste seinen Klienten? Wer war das, der Robert die Order zum Mord erteilt hatte? Und: warum? Wenn der Mann sich noch immer in Lissabon aufhielt, besaß Michael schlechte Karten. Da nun in Hannover Ähnliches passiert war, wie in Rosenheim für Sonntag geplant, lagen seine Trümpfe womöglich dort oben. Niedersachsen. Michael machte einen Schnellcheck, was er von dem Bundesland und Hannover, einschließlich Vorurteile, wusste. Flächenmäßig zweitgrößtes Bundesland nach Bayern, reicht bis zur Nordsee, bis auf den Harz weitgehend flach wie eine Flunder, mit Lüneburger Heide und der Hauptstadt Hannover. Hannover, Fußballmannschaft, die in der Ersten Liga herumeiert, Pferde, die nach der Stadt benannt sind, und angeblich haben die Leute dort keinen richtigen Dialekt. Außerdem kannte er den Spruch: Wir sind die Niedersachsen, erdbraun und moosbewachsen. Michael grinste. Das konnte eine gewitzelte Zeile aus dem Niedersachsenlied sein. Egal. Eines war sicher, wenn er mit seinen Ermittlungen irgendwo ansetzen konnte, dann dort.

Zeitungen, Radio und TV in Rosenheim hatten sich intensiv mit der Tat in Hannover befasst. Eifrige Journalisten mutmaßten, das Risiko für eine ähnliche Tat in Rosenheim sei real. Da man bereits einen Tatverdächtigen präsentierte, verloren sich Spekulationen über islamistische Hintergründe in ein paar Zeilen einschlägig rechter Presse.

Vor ein paar Minuten hatte Michael aus dem Radio erfahren, die Rede des Ministers in Rosenheim sei abgesagt, oder zumindest verschoben worden. Michael blickte aus dem Fenster seines Büros, von wo aus er gerade noch das Mittertor mit dem Stadtmuseum sehen konnte. Dahinter befand sich der Max-Josefs-Platz, wo die Rede hätte stattfinden sollen.

Sein Telefon klingelte. Eine bekannte Nummer erschien.

„Hallo, Michael. Sie sehen die Nummer auf dem Display? Es ist Ihr Prepaid-Handy. Es funktioniert also."

„Gut, Robert. Haben Sie schon von der Absage der Rede am Sonntag gehört?"

Er bekam keine Antwort, horchte und vernahm lautes Atmen.

„Jetzt ja", meldete sich Robert nach der Denkpause. Sie hatten also seine Warnung ernst genommen. „Ob die Absage wegen meines Anrufs bei der Polizei, oder wegen der Sache in Hannover erfolgte, wissen Sie nicht?"

„Wegen beidem womöglich", beschwichtigte Michael den hörbar aufgeregten Robert, „Hauptsache, es passiert nichts. Wo sind Sie denn jetzt?"

„Bei einer Freundin. Ich habe mit meinen Leuten im Laden von einem Münztelefon aus telefoniert. Wann, denken Sie, kann ich wieder zurück in meine Wohnung und mein Geschäft?"

„Frühestens, wenn wir mehr wissen. Wer dahintersteckt, und warum Sie das erledigen sollten. Sie hören von mir."

Michael legte auf. Zwei Sekunden später rief er Conny an.

„Willst du tatsächlich nach Hannover fahren?", fragte sie ungläubig. „Du kannst doch auch skypen oder schlicht telefonieren?"

Michael hielt sich zurück, ihr lang und breit zu erklären, warum er sich besser selbst vor Ort umschauen sollte.

„Ich leg mich aufs Ohr und fahr um Mitternacht los, dann bin ich gegen Morgen dort. Kannst du mir ein Hotel buchen?"

„Ich bin nicht deine Angestellte, hab ich dir schon ein paar Mal gesagt!"

„Dann mach ich das halt selber. Adam und Paul sind ja im Einsatz. Aber weißt du was, magst du dich bei RoSi für einen Kurs anmelden?"

„Hä?"

Conny hatte sicher mal von Roberts Firma gehört. In einem kleinen Saal hinter dem Büro konnten Frauen und Männer Selbstverteidigung erlernen und trainieren, Verhalten bei Notwehr-Situationen und Übergriffen aller Art üben.

Michael erklärte ihr, es wäre doch ein sinnvoller Undercover-Einsatz, wobei sie was lernen konnte.

„Mike, das kostet aber sicher eine Menge Geld, so ein Kurs. Und warum observiert der seinen eigenen Laden nicht selbst?"

Sie klang nicht gerade begeistert.

„Die Gebühr übernehme natürlich ich. Sieh 's als Honorar, das du nicht versteuern musst. Außerdem bist du eine Frau, die abends spät noch zu Kunden muss. Und zu deiner Frage: Robert traut sich nicht mal in die Nähe seiner gewohnten Umgebung. Der ist im Moment ganz schön paranoid und extrem vorsichtig, was ich verstehe."

Conny überlegte.

„Ich schick dir die Rechnung. Auf was soll ich achten?"

„Ob Typen auftauchen, die den Chef, also Herrn Robeus sprechen wollen. Nach Roberts Beschreibung könnten die aussehen wie, wie ..." Er kannte nur Roberts Schilderung des Mannes aus Lissabon. „Falls es soweit ist, wirst du wissen, wen ich meine. Notier dir einfach jeden Verdächtigen."

„Soll ich Berti auch anmelden?"

Michael stutzte. Das meinte sie doch nicht ernst! Tante Berti war 81, rüstig zwar nach ihrem jahrzehntelangen Dasein als Sennerin, aber: „Das ist doch ein Witz, oder?"

„Nein!" Sie lachte trotzdem. „Doch, klar. Übrigens, ruf sie mal an. Sie schimpft seit drei Tagen, dass sie dich nicht erreichen kann. Oder geh wenigstens ran, wenn du ihre Nummer siehst."

Prompt läutete Michaels Handy. Er entschuldigte sich bei Conny, wünschte ihr viel Glück für den Einsatz und stellte das Mobilteil in die Ladestation.

„Detektei Warthens", meldete er sich.

Eine Frau sagte: „Herr Warthens? Lehnkamp hier. Sie haben mich angerufen?"*

HANNOVER, JVA. 19.00 UHR

Kommissar Burghard mochte Verhöre nicht. Sie waren immer unerfreulich. Er war nicht der knallharte Befrager. Oft hatte er keine andere Wahl als grob zu sein. Wenn sich später herausstellte, dass jemand unschuldig war, tat es ihm leid. Bei Schuldigen bedauerte er das weniger.

Dennoch musste er zu Marius Lukas in den kargen Verhörraum. Das kalte Licht der LED-Leuchten stach ihn grell in die Augen, wobei das eigentlich den Verdächtigen aus dem Konzept bringen sollte. Hier gab es nichts, womit jemand sich selbst oder andere verletzen konnte. Ein Tisch, darauf ein Aufnahmegerät mit Mikrofon, zwei Stühle. Zwei unauffällig an der Decke angebrachte Kameras lieferten Bilder nach draußen.

Während der Gespräche beobachtete ein Polizeibeamter an der Tür, ob für die Kommissare Gefahr bestand. Manchmal rasteten die Verdächtigen völlig aus. Meistens aber, besonders wenn eine Erstbefragung anstand, verlangten die Festgenommenen einen Anwalt und sagten bis zum Eintreffen eines Juristen kein Wort.

Einen Anwalt lehnte Marius Lukas, alias Caruso ab. Er sei ja unschuldig. Zudem zeigte er sich kooperativ. Burghard hatte die Erfahrung gemacht, dass dies überhaupt kein Indiz für Unschuld darstellte. Sich anzubiedern sollte von der Tat ablenken.

Obwohl Untersuchungshäftlinge wegen der Unschuldsvermutung keine Anstaltskleidung tragen mussten, trug er die rote Montur. Carusos persönliche Kleidung war von der Kriminaltechnik sichergestellt worden. Nachdem ein psychologischer Gutachter Caruso am späten Nachmittag untersucht und für nicht akut gefährlich eingestuft hatte, hatte Polizeipräsident Klönmann dennoch darauf bestanden, Caruso dem Hauptkommissar mit Handfesseln vorzuführen.

Burghard schaltete das Aufzeichnungsgerät ein, nannte Ort, Datum, Uhrzeit der Befragung und die Namen der Anwesenden. Mittwoch, 3. August, 19 Uhr.

„Sind die Angaben richtig?“

„Was meinen Namen und das Datum angeht, ja“, bestätigte Caruso. „Von den anderen weiß ich es nicht. Übrigens, man nennt mich auch Caruso.“

Burghard schaltete sofort: „Wegen Ihrer Stimme, nehme ich an.“

Das feine Singen aus Carusos Kehle war auch Burghard sofort aufgefallen. Kein Kratzen, nichts Raues, kein Misston. Es war, als könnte der Mann jederzeit mit einer Opernarie loslegen. Der Spitzname passte wie geölt. Seinen Sarkasmus über die Angaben zu den Personen überhörte Burghard.

„Ich will Ihnen gleich sagen, dass wir die Waffe untersucht haben und zu Ergebnissen gekommen sind.“

Caruso zuckte mit den Mundwinkeln.

„Ergebnisse? Dann kann ich ja wohl gehen. Sie können nichts gefunden haben, was mich belastet.“

„Oh doch.“ Kommissar Burghard hielt sich zurück mit Details. Er wollte kein Täterwissen preisgeben, bevor der es nicht selbst ausplauderte. „Die Sache macht es nicht leichter für Sie, zumal die Waffe ja kurz nach der Tat bei Ihnen sichergestellt wurde.“

„Wie jetzt? Nicht leichter? Ich habe das Ding noch nie gesehen, geschweige denn angefasst! Welche Spuren wollen Sie also gefunden haben?“

Caruso klang sehr sicher und überzeugend. Auch sein fester Blick, ohne Blinzeln oder Zucken, verriet nicht die geringste Nervosität.

„Wie kommen dann Schmauchspuren an ihre Hände?“

„Sie können mich nicht reinlegen. Ich weiß, was ich getan, oder besser, was ich nicht getan habe!“ Caruso wurde lauter, noch bestimmter.

Burghard konnte die Art und Menge der Schmauchspuren nicht genau benennen. Sie waren vorhanden, sehr gering zwar, aber das stand fest.

„Niemand will Sie hereinlegen, Herr Lukas. Ich teile Ihnen nur die Faktenlage mit.“

„Fakten“, wiederholte Caruso und legte die gefesselten Hände auf den Tisch. „Schöne Fakten. Fake würde ich es nennen. Hat ja schon mit dem Dings, mit der Pistole angefangen, die Sie mir untergejubelt haben.“

„Warum sollten wir das tun?" Jetzt war es an Burghard, seine Stimme aufzudrehen. „Was denken Sie, wie viele Leute müssten mitspielen, dass ein Polizeiapparat einem Unschuldigen eine Waffe unterschiebt, nur um einen schnellen Fahndungserfolg herbeizuführen? Wenn sowas rauskäme, wären wir alle am Arsch, das sag ich Ihnen. Und irgendeiner in der Kette würde so ein Spielchen mit Sicherheit verderben. Oder glauben Sie, wir haben die KT-Leute, die Spusi-Leute und -zig Kollegen dazu gebracht, so einen Blödsinn mitzumachen? Denken Sie das wirklich?"

Caruso lehnte sich wieder zurück.

„Nein", er atmete durch, „natürlich nicht."

„Wenn Sie es nicht waren, wie erklären Sie sich dann den Besitz der Tatwaffe?"

„Kei-ne Ah-nung!"

„Hatte jemand Gelegenheit, die Waffe in Ihrem Wagen unbemerkt zu deponieren?"

Caruso schüttelte den Kopf.

„Antje saß neben mir, aber das Ding soll ja auf der Fahrerseite gewesen sein — oh! Scheiße!"

Mittwoch. 19.00 Uhr
Hannover/Rosenheim

Nach ihrer Begegnung mit Kommissar Burghard hatte Martina Lehnkamp ihre Mailbox abgehört und war aus allen Wolken gefallen. Rosenheim? Konnte warten. Gleich danach war sie mit Antje zurück nach Wangerland gefahren. Obwohl die Rückfahrt lang und anstrengend gewesen war, hatte sie sich unterwegs wieder ein wenig gefangen.

Zuhause ließ sie sich aufs Sofa fallen, schaltete ihr Handy ein und tippte die Nummer aus Rosenheim an. Der Tag hatte ihr genug Scherereien geboten, und nun musste sie am Telefon erfahren, dass ihre ältere Cousine in Bayern mit einem Privatdetektiv befreundet war. Befreundet! Von wegen. Ob sie in ihrem Alter überhaupt noch Sex hatte? Okay. Befreundet.

„Und warum noch gleich wollen Sie zu uns hochkommen?", hakte sie nach. Ganz hatte sie nicht kapiert, warum dieser Michael sie besuchen wollte. Der redete so ein komisches, bemühtes Hochdeutsch. Bayern eben.

Michael versuchte es noch einmal: „Also anders herum. Ihr Lebensgefährte wurde in Untersuchungshaft genommen, weil Minister Herold einem Attentat zum Opfer fiel. Ich habe Kenntnis darüber, dass ein Zusammenhang mit einer geplanten, ähnlichen Tat in Rosenheim besteht. Ich könnte also Ihren Freund und Vorstand von SchwertFisch entlasten."

Dass er selbst herausfinden wollte, wer dahinter steckte, ließ er weg.

Martina überlegte lange. Was blieb ihr übrig. Wenn es eine zusätzliche Chance gab, Caruso rauszuhauen, warum nicht. Sie hatte das Gefühl, dass dieser Michael Warthens mehr wusste, als er ihr verraten hatte.

„Sie möchten also nur deswegen nach Hannover kommen, Herr Warthens, um meinen Freund zu entlasten?"

„Ehrlich gesagt, gibt es da schon ein paar andere Dinge, die mich interessieren. Und die Cousine von Conny kennenzulernen, ist ja auch mal ganz nett."

Ganz nett! Martina fasste es nicht. Ein Riesending, wegen dem Caruso angeklagt werden konnte, war in Hannover passiert. Alle Welt schaute auf die schreckliche Tat. Keine Nachrichten, in denen nicht von SchwertFisch die Rede war. Bilder von Caruso gingen um die Welt. Vorverurteilungen zogen sich wie ein blutroter Faden durch die Meldungen. Sie selbst musste die SchwertFisch-Leute zusammenhalten. Und Antje neben ihr heulte wie ein Schlosshund.

„Die Cousine von Conny kennenlernen", äffte sie Michael genervt nach. „Wissen Sie, was hier los ist? Ich habe keine Zeit, jemanden kennenzulernen. So sieht's aus!"

Sie legte auf und atmete durch.

Antje hörte auf zu weinen.

Michael machte „hm" und schaute benommen auf sein Smartphone. Weggedrückt. Er versuchte, Verständnis für das angekratzte Nervenkostüm von Martina Lehnkamp aufzubringen. Trotz ihrer Reaktion würde er nach Hannover fahren. In seinem und seines Mandanten Interesse.

Für zwei, drei Stunden Schlaf reichte die Zeit noch. Der BMW war sowieso vollgetankt. Und frische Unterwäsche hatte er im Büro auch verstaut.

Er öffnete das Fenster und lüftete durch. Es hatte sich kaum abgekühlt. Stadtlärm waberte über den Häusern. Über den Ludwigsplatz grölten ein paar offensichtlich stark angetrunkene Burschen in Lederhosen. Ein Junggesellenabschied. Eine leisere Gruppe junger Leute zog an ihnen vorbei. Eine sehr viel stillere Gruppe. Sylvie Cantor stach mit ihren markanten Haarspitzen heraus. Ihre Körperhaltung, hängende Schultern und gesenkter Kopf, deutete auf Resignation hin.

Um 00.14 Uhr rollte Michael mit seinem BMW aus dem Parkhaus.

Mittwoch, 20.00 Uhr, Rosenheim

Conny Linden kannte Michael lange genug. Wenn er sich etwas in den Kopf gesetzt hatte, zog er es auch durch. Nicht zuletzt deswegen hatte er sich seine Erfolge erarbeitet. Den sturen Schädel hatte er mit seiner Tante Berti gemeinsam. Aber Conny konnte Michael und auch der altgedienten Sennerin nie wirklich böse sein.

Nun ließ ihr Freund sie also beide zurück, um in Hannover einer ungeheuerlichen Sache auf die Spur zu kommen.

Michael und sie hatten immer zusammengearbeitet, seit sie sich nach langer Zeit vor ein paar Jahren wieder getroffen hatten. Der Funke war gleich wieder übergesprungen, und das, während Michael wegen eines tödlichen Geheimnisses aus ihrer Abiturklasse ermittelt hatte. Conny half ihm mit ihrer feinfühligen Art, die sie als „Hellsehen" verkaufte, und das im wahrsten Sinne des Wortes verkaufen. Ihre Kunden brauchten Hilfe in schwierigen Lebenslagen. Immer mehr Menschen, hatte Conny in den letzten Jahren festgestellt, benötigten Beistand, konnten sich selbst nicht mehr aus tiefen Gefühlstälern retten. Waren die Zeiten wirklich so anders geworden? Komplizierter?

Mit Michael nach dem Abitur Ende der 1970er-Jahre hatte es kaum Probleme gegeben. Sie hatten glückliche, verrückte Wochen miteinander erlebt. Selbst während der baldigen Trennung voneinander war alles relativ undramatisch verlaufen. Sie fragte sich, was Smartphones und soziale Netzwerke zu den Notlagen ihrer Kunden beitrugen. Von Cyber-Mobbing mal abgesehen, erfuhr man im Minutentakt von extremen Ereignissen, schätzte die Weltlage und damit die eigene für gefährlicher ein, als sie in Wahrheit war.

Dafür erfreuten sich nicht nur Conny, die mit Leuten zu tun hatte, die das alles schwer belastete, sondern auch einschlägige Firmen bester Umsätze. RoSi war so ein Laden, bei dem man Artikel zur Selbstverteidigung wie mit Stahl verstärkte Schirme, natürlich Pfefferspray oder Taschenalarme erstehen konnte. Und Selbstbewusstsein. Dreihundert Euro kostete ein Grundkurs bei Robert Robeus und seinen Mitarbeitern. Selbstverteidigungs-Kniffe, sicheres Auftreten, Gefahrenabwehr, Selbstschutz.

Conny meldete sich online bei RoSi an. Fünf Minuten später erhielt sie die Nachricht von einer gewissen Stefanie, Personaltrainerin bei RoSi, dass jemand abgesprungen sei und Frau Linden statt erst in drei Wochen, bereits morgen einsteigen könnte. Donnerstag, 18.45 Uhr.

„Geht in Ordnung“, schrieb sie zurück, „bis dann, ich freue mich.“

Nein, tat sie nicht. Sie machte das nur für Michael. Der zeitliche Rahmen ab sechs Uhr abends zum Ausgucken nach einem Verdächtigen war natürlich reichlich eng. Tagsüber konnte doch ebenso jemand, der nach Michaels Beschreibung aussah, den Laden betreten und nach dem Chef fragen.

Sie lächelte wegen der Idee, die sie, ohne ihre Glaskugel zu befragen, gleich in die Tat umsetzte.

Hannover, Donnerstag, 08.00 Uhr

Um kurz vor sieben Uhr hatte Michael die Stadtgrenze von Hannover erreicht. Sein Navi lotste ihn zwar sicher zum Hotel, aber der Berufsverkehr zeigte sich ebenso zähflüssig wie die Magmaströme aus Autos in Rosenheim um diese Zeit.

Das Courtyard-Hotel lag direkt am Maschsee. Wie Michael gegoogelt hatte, befanden sich das Polizeipräsidium beziehungsweise die Polizeidirektion gleich um die Ecke in der Waterloostraße. In Großstädten hatte er immer großes Unbehagen verspürt. Aber hier und bis jetzt hatte er, abgesehen vom Verkehr, nicht den Eindruck von einer wimmelnden, lauten Großstadt. Von seinem Zimmer aus überblickte er den langgezogenen, mit bunten Segelbooten getüpfelten See.

Müde ließ er sich aufs Bett fallen. Er war nicht hier, um die Sehenswürdigkeiten Hannovers zu genießen. Im Liegen schrieb er Conny über WhatsApp, er sei gut angekommen. Immer noch flachliegend, suchte er Martina Lehnkamps Nummer in den Kontakten heraus. Nach einer Nacht zum Überschlafen hatte sie sich wegen seines gestrigen Anrufs hoffentlich wieder beruhigt.

„Lehnkamp."

„Entschuldigen Sie die frühe Störung, Frau Lehnkamp." Er setzte sich auf. „Michael Warthens hier. Ich bin in Hannover. Ich …"

Martina unterbrach ihn: „Herr Warthens. Conny rief mich gestern Abend noch an. Ich möchte mich bei Ihnen entschuldigen."

„Alles klar." Michael schnaufte erleichtert auf. „Ich hab' vollstes Verständnis für Ihre Situation. Da gibt's nichts zu entschuldigen. Ich bin also hier, und ich finde heraus, wegen wem Ihr Freund in U-Haft sitzt. Das ist es, die Hintergründe will ich aufklären, dann kann auch Herrn Lukas geholfen werden."

„Caruso", sagte Martina, „er heißt bei uns Caruso, ganz einfach."

„Gut. Caruso. Ich kann meinen Mandanten in Rosenheim nur schützen, indem ich ihn nicht nenne. Aber dass ein Auftrag gleicher Art auch bei uns aufgetaucht ist, dürfte die Polizei interessieren und in andere Richtungen ermitteln lassen." Martina schniefte hörbar.

„Herr Warthens, Sie sind doch Privatdetektiv?"

„Ja."

„Wenn sich Ihr Mandant in Bayern einen Anwalt nehmen würde, wäre das nicht besser für ihn?"

„Er hat sich aus anderen Gründen für mich entschieden. Ein Rechtsanwalt würde alles sofort öffentlich machen, zur Polizei gehen, dazu wäre er nämlich verpflichtet, und meinen Mandanten verraten. Davor hat der am meisten Angst. So können wir anonym agieren."

„Aber, Sie gehen doch auch zur Polizei?"

„Ja, ich bin ebenso wie jeder andere verpflichtet, eine Straftat oder das Wissen über eine geplante anzuzeigen. Aber ich muss nicht. Und ich muss meinen Mandanten nicht mit Namen kennen und nennen." Er stand auf und schaute auf den See. „Wollen Sie nicht nach Hannover kommen? Erzählen Sie mir von Ihrem Verein, und wie das alles gekommen ist?"

Martina prustete.

„Sie sind gut. Wissen Sie von Conny nicht, dass ich eine Freundin habe, die ich nicht gerne lange allein lassen will?"

„Sie können diese Freundin nicht mitnehmen?"

„Doch, natürlich. Aber zeigen Sie sich nicht allzu überrascht, wenn wir uns treffen. Wo eigentlich? Und wann?"

Michael wechselte das Handy vom rechten zum linken Ohr. Er wollte wegen Martinas Freundin nicht nachbohren. Sie hatten was zu erledigen.

„Na, am besten bei mir im Hotel." Er nannte Adresse und Zimmernummer. „Wenn's Wetter mitmacht, setzen wir uns auf die Terrasse von Julian's Bar. Muss ja keiner mitkriegen, was wir so reden. Um fünf?"

„Okay."

Bis dahin hatte Martina Zeit, ihre Angelegenheiten mit SchwertFisch zu regeln Und Michael die seinen.

Rosenheim, Donnerstagmorgen

Robert dankte Ramona für den Kaffee, den sie wie immer so stark gemacht hatte, dass er nach den letzten Erfahrungen mit der Tinte für den Rest des Tages darauf verzichten wollte.

Wann konnte er endlich zurück in seine Wohnung, in seinen Laden? Er wusste die Antwort, mochte sie nicht und zwang sich zur Geduld. Michael würde schon alles richtig machen. Irgendetwas Positives musste doch dabei herauskommen, wenn er schon extra nach Hannover reiste. Es wurmte Robert, selbst nichts zur Aufklärung beitragen zu können. Einzig und allein, wie sein Auftraggeber aussah, würde er einem geschickten Polizeizeichner diktieren können. Und dass der in Lissabon seinem schäbigen Geschäft nachging.

Wenn man mit dem SchwertFisch-Typen den richtigen Täter in Hannover dingfest gemacht hatte, und der mit seiner eigenen eine übereinstimmende Beschreibung abgeben würde ... Träum weiter, sagte er sich im Stillen. Dazu musste er ja zuerst aus seiner Deckung gehen. Ob er nicht doch lieber mit Leo reden sollte?

Ramona stieß ihn an.

„Hey, ist der Kaffee so lasch, dass du am Tisch weiterschläfst?“

„Nein, ganz sicher nicht! Es ist nur wegen meiner Sache. Ich möchte deine Gastfreundschaft nicht länger strapazieren, aber ich muss.“

„Was mich betrifft, ist das keine Gastfreundschaft, sondern Freundschaft. Das weißt du.“

Ja, wusste er. Immer wieder stirbt die Hoffnung zuletzt, bemühte er den zur Floskel verkommenen Spruch. Auffällig oft musste man ihn hören in letzter Zeit, erinnerte sich Robert.

„Danke nochmal, Ramona. Schön, dass wir uns kennen.“ Dass Ramona statt kennen gerne lieben gehört hätte, sah er ihr an.

„Könntest du öfter haben, so ein Frühstück“, meinte sie und blinzelte ihn an.

Robert sagte nichts und schlürfte am Kaffee. Er schüttete viel Milch nach. Abwarten war einfach nur scheiße.

Im Rosenheimer Stadtteil Fürstätt telefonierte zur gleichen Zeit Conny mit einer alten Freundin.

„Guten Morgen Berti. Bist du schon auf?"

Die Frage erübrigte sich im Grunde bei der über Achtzigjährigen.

„Seit drei Stund'. Vorm Haus bauen s'."

Michaels Tante Berti wohnte in einem kleinen Apartment im Margarethenhof, einem Heim mit betreutem Wohnen. Ein Bautrupp riss die Straße unter Bertis Fenster auf. Bagger ratterten vorbei, und Presslufthämmer verteilten einen Höllenlärm.

„Ausgerechnet bei uns da", jammerte Berti. „Hast schon was vom Michi gehört? Bis das vorbei ist, kann ich ja eine Zeitlang zu ihm ziehen."

„Der ist nicht da, Berti. In Hannover ist er. Aber ..."

„Was? Ja, spinnt der! Und mir sagt er nix. Seit Tagen hab ich nichts von ihm g'hört. Einen Anstand hat der Bub, also nein."

Conny lächelte amüsiert. Wie so oft sah Berti ihren auf die Sechzig zugehenden Neffen als jungen Kerl.

„Ist nicht so schlimm, Berti. Aber wenn du ohnehin so einen Krach am Haus hast, dann hole ich dich ab und wir gehen ein wenig in die Stadt."

Ihr Hintergedanke dabei konnte noch warten.

„In d' Stadt? Einfach so? Mei, ihr müsst's viel Zeit haben."

Hatte Berti Stress? Wieder grinste Conny. Dass Berti nach all den Jahren auf einer Alm in der kleinen Klitsche im Heim nicht gerade glücklich war, hatte sie ihr selbst verraten. Sie brauchte immer was zu tun.

„Nein, das wäre schon was Wichtiges. Hättest du Zeit?"

Blöde Frage.

„Konn scho sei. Kimmt drauf o."

„Auf das, was dieses Wichtige ist, oder?"

„Freilich.“

Conny erklärte es ihr. Völlig begeistert zeigte sich Berti nicht.

„Was soll ich? Erstens ist das sowas wie der Michi eh dauernd macht, und der kriegt einen Haufen Geld dafür. Und zweitens ist das anstrengend.“

„Gegenüber ist doch das neue Café“, lockte Conny, „da gönnst du dir einen schönen Kuchen …“

„Einen Kuchen back ich mir selber. Der ist dann wenigstens was G’scheit’s. Aber von mir aus.“

Conny bedankte sich und schlug vor, sie in einer Stunde abzuholen. Das Observieren des RoSi-Ladens konnte beginnen.

„Wenn ich Zeit habe, wechseln wir uns ab, Berti. Einverstanden?“

„Ja. Scho.“

„Und die Rechnung vom Café lassen wir uns vom Mike bezahlen.“

Berti warf mal wieder ein, ihr Neffe hieße Michi und nicht Mike, aber Conny hörte förmlich das Grinsen der alten, schlitzohrigen Dame.

Portugal, Lissabon

Donnerstag, 09.00 Uhr Ortszeit

Der Mann sah auf seine Rolex. In Deutschland war es jetzt zehn Uhr. Kurz vor dem Treffen mit diesem Robeus hatte er mit einem Kontaktmann in Deutschland telefoniert und wäre danach fast zu spät gekommen. Sich sogar mit einer Rolex zu verspäten, das wäre nicht nur eine Blamage gewesen. Er hätte sich dafür entschuldigen müssen und wäre in die Defensive geraten. Zum Termin im Vasco da Gama Shopping-Center war er punktgenau erschienen und hatte das Gespräch souverän geführt.

Trotzdem war es ein Reinfall. Der Blödmann hätte halt nicht gleich abhauen, sondern zuhören sollen. Da hatten sie ihn extra ausgewählt, und dann macht der einfach die Fliege. Gut, lief dann doch ganz prima. Einen Plan B musste man haben. Dann klappt's auch mit dem Killer.

Mit dem Zeigefinger schob er seine Sonnenbrille fester auf die Nase, nippte an seinem Espresso, zu dem sie hier Bica sagten, und schob sich ein ganzes Pastel de Nata in den Mund. Die Blätterteigtörtchen mit einer Art Puddingcreme waren der Hammer. Er war froh, nach Lissabon versetzt worden zu sein. Hätte ja auch Island oder Nairobi sein können. Hier war es nicht zu heiß und nicht zu kalt. Man war im Euro-Raum und in zweieinhalb bis drei Flugstunden wieder in Deutschland. Seine Leute dort hatten eine super Arbeit hingelegt, alle Anweisungen befolgt und Eigeninitiative gezeigt. Auch heute mussten sie eine leidige Sache zu Ende bringen. Er wusste, sie würden das kurz und schmerzlos hinbekommen.

Er schaute auf die Ponte Vasco da Gama, die langgezogene, weiße Brücke über die Tejo-Mündung. Auf der anderen Flussseite wachte Cristo Rei mit seinen ausgebreiteten Armen über die Stadt und die Brücke des 25. April, die den Tejo überspannte.

Er fühlte sich fast wie dieser Jesus, dessen Statue die Portugiesen als Dank für die Verschonung im zweiten Weltkrieg errichtet hatten. Der Gedanke machte ihm Spaß, zuhause einst mit so einer Skulptur gewürdigt zu werden. Nur Geduld. Er hatte erst damit begonnen, Deutschland zu schützen.

Er zahlte und machte sich auf den Weg zur deutschen Botschaft.

Hannover, Waterloostraße *09.30 Uhr*

KHK Ole Burghard ging noch einmal das Gespräch mit Caruso am Abend zuvor durch. Außer den bereits bekannten Indizien und Spuren – und ja verdammt, auch einem Motiv – ging aus dem Verhör kein weiterer Anhaltspunkt hervor, der Marius Lukas überführt hätte. Im Gegenteil. Lukas alias Caruso hatte den Ablauf kurz vor seiner Festnahme relativ glaubhaft geschildert. Und dann war dem Chef der SchwertFisch-Typen etwas eingefallen, das er von der Mongolo ... Er berichtigte sich selbst, um beim späteren lauten Aussprechen nicht ins selbe Fettnäpfchen zu treten: Frau Antje Lüders. Sie musste überzeugend das Auftauchen des jungen Mannes mit der löchrigen Jeans bestätigen. Sofort wählte er Martina Lehnkamps Nummer. Sie war nach Wangerland zurückgereist, und so viel Zeit, sie selbst zu befragen, wollte er nicht riskieren. Gut, er hätte eine Streife mit seinen Fragen vorbeischicken können. Aber er wollte eigens hören, was Frau Lüders zu sagen hatte.

Frau Lehnkamp klang leicht genervt, nachdem sich Burghard vorgestellt hatte. Er verlangte Antje. Es dauerte ein wenig, bis sie sich meldete.

Sie ließ ein zögerliches „Ja" hören.

Burghard begann mit der Aufzeichnung.

„Sind Sie Antje Lüders?"

„Ja."

Die Fragen nach ihrem Geburtsdatum, ihren Wohnsitz und ob sie verstehen würde, was der Kommissar sagte, beantwortete sie ebenfalls einsilbig mit „Ja".

Burghard redete mit einem gütigen, beinahe väterlichen Ton, als wäre Antje ein kleines Kind.

„Erinnern Sie sich denn daran, wie das war nach den Schüssen? Im Auto neben Herrn Lukas? Caruso?"

„Mhm."

„Ist Ihnen da was aufgefallen? Kamen Leute vorbei?"

„Mhm."

Mein Gott, versuchte Burghard, nicht laut auszusprechen, lässt die sich alles aus der Nase ziehen! Er konnte ja schlecht direkt nach dem Loch-Jeans-Typen fragen. Suggestion, Beeinflussung. Nicht verwertbar.

„Es sind also Leute vorbeigelaufen. Die haben sich gefürchtet, nicht wahr. Weil es zuvor so gekracht hat."

„Ich hab mich auch gefürchtet."

„Na, dann erzählen Sie doch mal, was Sie gesehen haben."

Antje räusperte sich. Stille. Kurz darauf hörte Burghard ein Flüstern. Frau Lehnkamp redete ihr offenbar zu, sie dürfe ruhig sagen, was sie wusste. Antje begann langsam zu schildern, wie sie bei den Schüssen zusammengezuckt war.

„Dann hat Caruso die Tür aufgemacht. Er ist ausgestiegen. Wollten auch rennen. Wir haben Angst gehabt, weil so viele Leute am Auto vorbei sind. Schnell und zu Fuß. Einer hat mit Caruso geredet, aber er hat ihm dann schnell die Hand gegeben und ist weiter." Burghard schluckte.

„Wie sah denn der aus? Ein Mann oder eine Frau?"

„Schon ein Mann. Nicht so alt wie Caruso. Hab ihn ja nicht so sehen können, weil ich daneben gehockt habe."

„Hat der Mann Caruso irgendwas gegeben?"

„Nein. Aber ich habe seine Hand gesehen, weil ich mich geduckt habe. Vor Angst. Und da hab ich was Weißes gesehen. Wie eine weiße Hand. Der Mann hat gesagt, es ist alles gut. Dann ist er weg."

„Er hat also Caruso die Hand gegeben, und die war weiß?"

Antje lachte plötzlich.

„Nein, das geht ja gar nicht. Ich hab gesehen, wie er Caruso die eine Hand gab, und die andere war irgendwie schneeweiß. Damit hat er sich am Sitz festgehalten, bevor er weg ist."

Burghard hatte genug gehört.

„Frau Lüders, das haben Sie sehr gut gemacht! Danke!"

Martina meldete sich.

„Ist dieser Mann ein Verdächtiger?“

„Dazu kann ich noch nichts sagen. Nur so viel: Vertrauen Sie mir. Vertrauen Sie der Polizei.“

Burghard hörte sich Carusos Aussage noch einmal an. Der Mann mit der Lochjeans hatte seine rechte Hand in der Hosentasche, bevor er Caruso die linke zum Gruß gab. Der hatte angenommen, es wäre ein Linkshänder und erwiderte den Händedruck.

Burghard fing an, in Stichpunkten zu denken: Schmauchspuren. Falls dies der Täter war, fanden sich die an beiden Händen, weil sich die Hände eines Menschen immer irgendwann treffen. Zum Kneten. Nach dem Pinkeln beim Hosenladen Verschließen. Zum Händereiben nach gelungenen Taten.

Weiß. Weiße Faserspuren an der Tatwaffe! Eine weiße Hand. Stoffhandschuhe.

Er musste unbedingt noch einmal die Bodycams der Einsatzbeamten auswerten lassen. Er hatte eine ungefähre Beschreibung des Phantoms. Nur schade, dass Carusos Lastwagen nicht direkt von einer der Kameras am Neustädter Markt erfasst worden war. Aber damit musste er leben.

Hannover, 10.00 Uhr

Nach einem ausgiebigen Hotel-Frühstück fühlte sich Michael, als wäre er nun richtig angekommen. Kurz nach seiner Ankunft zwei Stunden zuvor, hatte er sich müder und schlapper gefühlt als jetzt. Michael war einer, der sich seine Energie entweder vom Schlafen oder vom Essen holte. Manchmal brauchte er nur eine Kalorienspritze, um Müdigkeit zu vertreiben, und das satte Frühstück ersparte ihm sechs Stunden Schlaf. Mindestens.

Der Tag sollte erneut heiß und trocken werden. Michael warf sich ein leichtes, silbrig glänzendes Sakko über sein weißes Poloshirt und verstaute alles darin, was er brauchen würde. Geldbörse, Smartphone, Taschentücher, Keycard des Hotelzimmers. Seine Büro-, Wohnungs- und Wagenschlüssel packte er in den Zimmersafe und dachte sich eine Zahlenkombination zum Verschließen aus. Bloß kein Geburtsdatum, auch nicht das heutige. Autonummer? Sechs Stellen mussten es werden. Alter? 57 58 81. Conny, Michael, Berti. Lächelnd gab er den Code ein und verriegelte den Safe.

Draußen war es noch angenehm kühl. Die Maschsee-Fontäne stieß haushohe Wassersäulen in den blauen Himmel, und ein leichter Wind verteilte das fliegende Nass in dutzende feine Gischtnebel.

Michael setzte sich auf eine Bank am Ufer und suchte die Nummer der Polizeidirektion heraus. Martina hatte ihm nach seiner gemailten Frage gleich den Namen des Kommissars, der Carusos Fall bearbeitete, zurückgeschrieben. Kriminalhauptkommissar Ole Burghard. Zunächst landete Michael bei einem Beamten, der sich sehr amtlich meldete. Als Michael nach dem Polizeipräsidium und dem Kommissar fragte, erhielt er die Antwort, er sei schon richtig. Es ginge um den Mordversuch an Minister Herold. Und nein, er müsste den Kommissar persönlich sprechen.

Der Beamte blieb sachlich: „Ich verbinde Sie mit dem Zentralen Kriminaldienst. ZKD. Die KFI 4 befindet sich hier bei uns im Gebäude. Moment bitte.“

Nach einigen Klickern meldete sich Burghard.

„Burghard."

„Guten Morgen." Michael spürte die Sonne nun stärker auf seine Stirn brennen, als sie es kurz zuvor getan hatte. „Mein Name ist Warthens. Ich bin privater Ermittler und habe ein paar Informationen zum Anschlag auf Minister Herold."

„Ja, das sagte man mir schon", sagte Burghard in seiner nasalen, quäkenden Sprechweise. „Sie sind Privatdetektiv?"

„In Rosenheim, Bayern. Kann ich Sie also sprechen?"

„Das tun Sie ja schon. Nun bitte."

Michael fiel ein, der Kommissar müsste annehmen, er riefe aus Rosenheim an.

„Ich meine persönlich. Das Ganze ist schließlich von hoher Wichtigkeit!"

Kurze Pause. Burghard schien zu überlegen, was er von dem Anruf halten sollte.

„Dass ich nicht nach Bayern kommen kann, verstehen Sie. Und bis Sie …"

„Schon klar", bremste Michael, „wo finde ich Sie? Man sagte Zentraler Kriminaldienst in der Direktion?"

„Wenn Sie das wirklich wollen? Warten Sie bitte." Wieder entstand eine kurze Pause. Im Hintergrund hörte Michael ein paar Leute durcheinanderreden.

„So", meldete sich Burghard leicht kurzatmig, „wir haben das Gespräch mitgeschnitten. Ich muss Sie darüber informieren. Da Sie nichts weiter zu sagen haben, sondern uns später sprechen wollen, ist die Aufzeichnung nun beendet."

„Moment!" Michael fürchtete, der Kommissar würde auflegen und wiederholte: „Wo genau finde ich Sie?"

„Fragen Sie nach meinem Büro. Ganz einfach. Wiederhören."

Der Mann nahm Michael anscheinend nicht ganz ernst. Mit erhöhter Energie legte er die kurze Strecke bis zur Waterloostraße 9 zu Fuß zurück. An der Pforte fragte er nach Kommissar Burghard vom Zentralen Kriminaldienst.

„Wir haben vor fünf Minuten miteinander telefoniert. Er müsste Bescheid wissen."

Der Mann an der Pforte zeigte mit dem Finger an Michael vorbei.

„Das ist Herr Hauptkommissar Burghard."

Michael drehte sich um und schaute auf den Herrn in dunkelblauem Anzug und mit glänzendem Kahlkopf, der soeben aus einem Lift ins Foyer trat.

Michael ging auf ihn zu. Ein Beamter in Uniform bemerkte das und hielt Michael zurück. Seine Hand wanderte präventiv zum Pistolenhalfter.

„Herr Burghard!“, rief Michael, „mein Name ist Warthens, Michael Warthens, der Detektiv. Wir haben telefoniert.“

Burghard hielt inne und sah zu Michael. Seine Überraschung war nicht gespielt.

„Wie haben Sie das gemacht? Sich aus Bayern wie von der Enterprise hierher gebeamt?“

Michael versuchte erst gar nicht, zurück zu feixen. Er streckte die Hand zum Gruß aus. Der wachsame Beamte neben ihm packte ihn sofort an der Schulter.

„Lassen Sie nur“, sagte Burghard gelassen zu dem kräftigen Mann in Uniform, „und Sie, Warthens, kommen mit mir.“

Wie der alte Obermeier, fiel Michael ein: Der KHK in Rosenheim hatte ihn meistens ebenso respektlos betitelt.

Rosenheim, 11.00 Uhr.
Außenbereich Café

Die Sonne brannte auf das Kopfsteinpflaster des Max-Josefs-Platzes und heizte der guten Stube der Stadt kräftig ein. Alle Lokale hatten jeden zur Verfügung stehenden Quadratmeter draußen mit Tischen zugestellt. Bei schönem Wetter wie an diesem Donnerstag waren sämtliche Plätze belegt.

Berti saß unter einem riesigen Sonnenschirm vor dem Café und schaute grantig. Conny hatte ihr eine Sonnenbrille verpasst, damit sie den Eingang des RoSi-Ladens besser beobachten konnte. Früher hätte es so ein Augenglasl auch nicht gebraucht, hatte sie geschimpft, und auf der Alm habe die Sonne noch ganz anders gestrahlt als in der Stadt. Trotzdem ließ sie das riesige Gestell auf ihrer Nase und schaute häufig auf den Ladeneingang.

So oft kam sie nicht aus dem Margarethenhof, außer ihr Neffe Michi kutschierte sie zum Arzt, oder was immer ihr einfiel. Dass so viele junge Leute Zeit hatten, um diese Zeit in der Sonne zu sitzen, wunderte sie. Richtige Menschenmassen bevölkerten die Fußgängerzone am Donnerstagvormittag. Berti fragte sich grimmig, ob überhaupt noch jemand arbeitete in diesem Land.

Ein großer gedeckter Birnenkuchen hatte ihre griesgrämige Laune schnell besänftigt. Ihre Apfelschorle wurde allerdings allmählich warm, seit Conny sie wegen einer Kundin allein lassen musste. Die freundliche weibliche und junge Bedienung kümmerte sich geschäftstüchtig um die alte Dame im luftigen, grün-geblümten Kleid. Trotz der Hitze trug sie eine leichte Jacke darüber. Ihre Handtasche hatte sie neben sich auf einen Stuhl gestellt und zu sich gedreht, dass kein Langfinger auch nur auf die Idee kam, sie zu klauen. Berti war von Natur aus nicht misstrauisch. Sie war vertrauensselig aufgewachsen, zu einer Zeit, als sogar die Verbrecher noch eine Ehre im Leib hatten und keine alten Omas bestahlen — glaubte sie wenigstens. Aber heutzutage …

„Darf's noch was sein?", erkundigte sich das Fräulein vom Café.

Michi würde die Rechnung bekommen, hatte Conny versprochen.

„Ja, haben's vielleicht auch was zum Mittagessen?"

„Oh, aber nur kleine Snacks — ich bin übrigens die Jenny."

Jenny wollte nur nett sein, nachdem Berti seit zwei Stunden ihr Gast war.

„Ich glaub', ich weiß schon, was so Schnecks sind", gab sich Berti bemüht freundlich. Sie versuchte sogar einen kleinen Scherz: „Einen Schweinsbraten mit Knödel haben S' nicht, gell?"

Da Berti dabei ein Lächeln zustande brachte, lachte Jenny ebenfalls kurz auf.

„Ich bring' Ihnen die Karte. Einverstanden?"

„Freilich."

Berti machte ihren Job. An der Tür zu RoSi wartete in diesem Moment ein großer Mann, als überlegte er sich, ob er hineingehen wollte. Er bereitete sich vor, indem er seine Jacke am Kragen hochzog, ebenso wie er seine Hose am Gürtel raffte. Berti besaß zwar nicht den sechsten Sinn, aber sie kannte die Art von Herren, die ihr Conny beschrieben hatte. Sie waren so etwas wie Geldeintreiber, Typen, die sich verhielten wie die Männer in den langen Mänteln, als sie sechs oder sieben Jahre alt gewesen war. Ihre Mutter hatte hinter dem Fenster heimlich auf sie gezeigt und gesagt, vor denen solle sie sich in Acht nehmen. Nichts sagen, wenn sie nach ihren Eltern gefragt werde. Berti, Jahrgang 1937, hatte nie erfahren, warum sie nichts über ihre Eltern hätte sagen sollen bei diesen Herren. Dass die nichts Gutes im Schilde führten, das hatte sie als Kind gespürt. Einige Jahre später war ihr klar geworden, warum.

Der Kerl dort verhielt sich ähnlich. Er war zwar allein, aber er sah sich kaum bemerkbar und vorsichtig um. Natürlich trug er eine Sonnenbrille wie alle hier auf dem Platz. Die viel zu warme schwarze Lederjacke machte ihn schon verdächtiger. Brauchte er sie, um etwas darin zu verbergen?

Eine schwarze Jeans, spitze Stiefel. Bertis Sehvermögen in die Ferne war fast im gleichen Maße besser geworden, wie ihr Gehör nachließ. Krawatte!

Der Mann öffnete entschlossen die Tür zu RoSi.

„Die Snack-Karte, bitte."

Jenny legte sie auf den Tisch, weil Berti nicht reagierte.

Stattdessen sagte Berti: „Ich tät jetzt doch lieber gern zahlen."

Jenny zeigte sich professionell unverschnupft.

„Gerne."

Fünfzig Cent Trinkgeld erhielt Jenny von Berti, die den Rechnungszettel eilig in ihrer Handtasche verschwinden ließ.

Sie tippelte über den Platz und folgte dem Mann in den Laden. Drinnen merkte sie, wie angenehm kühl es dort war. Der Mann stand an der Empfangstheke und trommelte ungeduldig mit den Fingern auf die Kunststoffplatte, dann schlug er energisch auf eine Tischglocke.

Berti blieb unauffällig an der Tür stehen, als warte sie, bis der Herr vor ihr dran war.

Hinter gläsernen und verschlossenen Regaltüren hingen alle nur möglichen Gerätschaften zur Verteidigung. Sogar Stöcke und Messer gab es zu kaufen, Handtaschenalarme und waffenscheinfreie Pistolen. Ein Regal war mit Spraydosen zugestellt, Abwehrsprays aller Art, bis hin zu Hundeabwehrmitteln.

Ein seriöser Herr auf einem Poster warnte mit erhobenem Zeigefinger, das beste Mittel bei Gefahr sei zwar das Davonlaufen, aber was dann? Darunter stand in roten Buchstaben:

Notwehr ist diejenige Verteidigung, welche erforderlich ist, um einen gegenwärtigen rechtswidrigen Angriff von sich oder einem anderen abzuwenden. (Bürgerliches Gesetzbuch §227)

Endlich kam jemand aus den hinteren Regionen des Ladens, eine sportlich wirkende Mittdreißigerin mit nicht besonders weiblichen, dafür harten knochigen Gesichtszügen.

„Hallo, was kann ich für Sie tun?"

„Ist Ihr Chef zu sprechen? Robert Robeus? Es ist dringend!"

Hannover, Waterloostraße 9, ZKD. 10.03 Uhr

Obwohl Michael sich mustergültig ausweisen konnte, traute Kommissar Burghard dem bayrischen Detektiv nicht so ganz. Korrekterweise hätte er Michael in den Verhörraum bringen müssen. Warum er ihn in sein Büro bat, blieb das Geheimnis des Kommissars. Dafür begleiteten gleich zwei Beamte ihn und Michael in die dritte Etage. Einer der Uniformierten blieb im Flur, der zweite folgte Burghard und Michael und brachte sich an der Tür in Stellung.

Die geballte Menge an Schriftstücken auf dem Schreibtisch des Kommissars besaß chaotische Ausmaße. Michael stach die Unordnung sofort ins Auge. War er früher nicht genauso gewesen? Nein, seine Unterlagen zu den Fällen, noch in der Privatwohnung, musste er zwar auch oft unter Kaffeetassen oder angebissenen Wurstsemmeln suchen, aber solch ein apokalyptischer Saustall überraschte ihn dann doch. Es war nur eine Frage der Zeit, wann die Papierhaufen nachgaben und in sich zusammenkrachten wie Abbruchhäuser.

Prompt entschuldigte sich der Kommissar, der wie Michael hinter dem Tisch stehend keine Anstalten machte, sich zu setzen.

„Und lassen Sie sich ruhig Zeit mit Ihrer Aussage."

Er fuhr sich mit der Hand über die glatte Haut seines Schädels, behielt sie einen Moment dort oben und ließ den Blick über die Papierberge schweifen. „Wir haben wahnsinnig viel zu tun in der Sache. Computer hin, Laptop her, Sie sehen ja, dass im wahrsten Sinn des Wortes noch immer Papierkram anfällt. Der Fall ist schwierig."

Michael erkannte Akten mit einem Datum von 2015. Auch er hatte sich noch nicht gesetzt und legte die Hände im Rücken übereinander.

„Dann wird er jetzt noch schwieriger", orakelte er.

Burghard machte eine Handbewegung, die Michael zum Setzen aufforderte. Beide schoben sich die Stühle zurecht. Über einen Aktenstapel hinweg konnten sie sich wider Erwarten in die Augen sehen. Der Kommissar stellte sein Smartphone auf Aufnahme.

„Schießen Sie los."

Angesichts des Falls sei das eine unpassende Floskel, gab Michael dem Kommissar zu bedenken.

„Wie dem auch sei, mein Klient beauftragte mich, einen Mann und den Grund zu finden, warum er ausgesucht wurde, einen Minister bei einer Rede zu erschießen."

Burghard fiel fast vom Stuhl.

„Wie bitte? Das ist nicht Ihr Ernst! Marius Lukas, unser Verdächtiger, hat Sie damit beauftragt?"

Michael schüttelte den Kopf.

„Das ist ein Missverständnis, Kommissar. Nicht Ihr Mann, sondern einer in Bayern. Und die Rede ist vom bayerischen Umweltminister."

Burghard sammelte sich.

„Moment. Wir wissen von den Kollegen in Bayern, dass dort ein anonymer Anruf eingegangen war, eine Warnung vor einem Attentat. Deshalb wurde kürzlich die Rede des Ministers am Sonntag in …", er tippte sich an die Stirn, „… genau, Rosenheim. Dort wurde die Rede abgesagt. Ich wusste doch, als ich Sie von dem Ort reden hörte, dass er mir bekannt vorkommt."

„Na ja", wiegelte Michael ab, „nicht nur deshalb wahrscheinlich. Aber richtig, die Cops in Rosenheim nahmen den Anruf ernst. Er stammt übrigens von meinem Klienten."

„Und der hat sich an Sie gewandt, weil …?"

„Er das nicht tun wollte. Er wurde ausgesucht, weil er gut schießen kann, warum, spielt keine Rolle. Und auch deshalb, weil er womöglich erpressbar ist. Warum genau weiß ich nicht. Jedenfalls ist Ihr Mann, dieser SchwertFisch-Mann, unter Umständen völlig unschuldig."

Burghard tippte sich mit dem Zeigefinger an die Nase.

„Einer hat aber geschossen. Hier, in Hannover. Und das kann Herr Lukas durchaus gewesen sein."

„Haben Sie ihn schon mal danach gefragt, ob er einen Auftraggeber hat? Die Ähnlichkeit der Tat in dieser Stadt mit dem Auftrag meines Klienten ist frappierend!"

„Was wollen Sie damit sagen?", verfiel Burghard in seine Quäkestimme, die bei Erregung besonders in die Höhe schnellte.

„Dass mein Klient seinen Auftraggeber persönlich gesehen hat und beschreiben kann."

„Natürlich. Ihr sogenannter Klient …"

„… lehnte den Auftrag entrüstet ab. Jetzt hat er Angst, dass dieser Mann und dessen Leute ihn beseitigen wollen. Schließlich weiß er, wie dieser Auftraggeber aussieht!"

Kommissar Burghard schnaubte durch seine knorrige Nase.

„Dann nennen Sie mal Ross und Reiter. Wie heißt Ihr Klient? Wo finden wir ihn?"

„Kann sein in Rosenheim", gab Michael dem Kommissar Rätsel auf, „oder in Lissabon?"

„Veralbern Sie mich nicht!", sang Burghard. „Lissabon in Portugal?"

„Gibt's noch ein anderes?"

Michael ließ ihn wissen, wo Roberts Gespräch mit dem Mann stattgefunden hatte, der ihn zum Mörder machen wollte.

Burghard legte erneut die Hand auf seine Glatze.

„Jetzt mal in Ruhe." Seine Stimme hörte sich tatsächlich gefasster an. Und männlicher. „Ihr Mandant fühlt sich von einem Mann bedroht, der ihm auftrug, den bayerischen Umweltminister während eines Auftritts am nächsten Sonntag zu erschießen. Er bangt um seine Gesundheit und sein Leben, weil er den Auftrag ablehnte, aber weiß, wie der Hintermann aussieht—in Lissabon." Fassungslos schüttelte Burghard den Kopf. „Und Sie ziehen den Schluss, weil gestern hier Ähnliches passiert ist, dass derselbe Mann dahinterstecken könnte."

„Genau", bekräftigte Michael mit dreimaligem Nicken.

„Sie wissen", fuhr Burghard fort, „dass wir einen Mann, einen öffentlich sehr bekannten Herrn, verdächtigen, der Täter hier in Hannover zu sein. Er hat den Umweltminister bei einer Rede zu erschießen versucht. Es ist ihm nicht gelungen, wie alle Welt inzwischen auch weiß."

Michael wiederholte sich: „Genau."

Burghard stand von seinem Stuhl auf, der beängstigend quietschte.

„Wissen Sie was, Warthens. Da ist was dran an Ihrer Theorie. Dazu müssten wir allerdings Ihren Klienten sprechen."

Michael schüttelte den Kopf.

„Das tut der nie. Und den Namen erfahren Sie, zumindest vorerst, auch nicht von mir. Das ist Teil meines Auftrags."

„Macht er's telefonisch?"

Glaubte Burghard, wenn Robert am Telefon lang und breit den Mann aus Lissabon beschreibe, könnten sie ihn orten? Zuerst die Kollegen in Rosenheim informieren und dann zuschlagen? Michael war froh, Robert das nicht registrierte Prepaid-Handy überlassen zu haben. Robert musste während der Beschreibung nur alle paar Minuten unterbrechen und den Ort wechseln.

„Das geht natürlich", stimmte Michael zu.

Burghards Telefon machte die Schiedsrichterpfeife. Der Kommissar stellte den Aufnahmemodus ab und drehte sich von Michael weg.

„Hallo Max!"

Anscheinend ging es Michael nichts an, was dieser Max zu sagen hatte. Extrem wichtig musste es dennoch gewesen sein. Burghard legte auf und wandte sich schlagartig wieder dem bayrischen Detektiv zu. Dumm nur, dass er dabei mit dem Ellenbogen einen Aktenstapel erwischte. Eines der Papierbauwerke stürzte geräuschvoll ein und verteilte sich auf dem Parkett.

Rosenheim, 11.15 bei RoSi

Berti drückte sich an die Wand neben der Tür. Die beiden an der Ladentheke sprachen so laut, dass sie alles mitbekam.

Die Sportsfrau, die ein Namensschild mit dem Logo der Firma und der Aufschrift Steffi auf Herzhöhe trug, unterrichtete den Besucher gespielt freundlich, Herr Robeus sei gerade nicht im Haus.

„Dann rufen Sie ihn an!“, raunzte der Kerl in der Lederjacke und ließ ein durch die Zähne gepresstes „Bitte“ folgen.

„Das geht leider nicht. Der Chef ist momentan nicht erreichbar. Kann ich was ausrichten?“

Mit einer schnellen Handbewegung griff der Mann in die Innentasche seiner Jacke. Sofort schnellte Steffis Hand unter die Theke. Wahrscheinlich war dort eine Alarmtaste versteckt. Ihre Hand blieb dort, bis der Mann seine Hand wieder aus der Tasche zog.

Steffis Augen starrten verblüfft auf einen Briefumschlag, den der Mann auf die Theke legte.

„Mit einem schönen Gruß aus Lissabon. Geben Sie ihm das, wenn er kommt.“

Steffi nickte. Sie wirkte nicht eingeschüchtert, was der Kerl mit seiner drohenden Haltung und den eindringlichen Worten doch hatte erreichen wollen. Sie zog das Kuvert auf der Thekenplatte zu sich. ROBERT ROBEUS PERSÖNLICH las Steffi halblaut vor sich hin.

Berti beobachtete ihre Lippen und deutete sie richtig.

„Alles klar?“, zischelte der RoSi-Besucher.

Steffi nickte und schaute ihm in die Augen, als wollte sie sich dieses Gesicht genau merken.

„Alles klar“, bestätigte sie mit kräftiger Stimme und steckte den Umschlag in eine Lade unter der Theke.

Der Lederjackenmann grüßte mit keinem Wort und rauschte an Berti vorbei hinaus auf den Max-Josefs-Platz.

„Und was kann ich für Sie tun?“, wandte sich Steffi an Berti.

Berti wusste nicht so recht, ob sie sich für eine der gefährlich aussehenden Waffen entscheiden oder doch lieber blöd stellen sollte. Sie entschied sich für Letzteres: „Jetzt hab ich g'meint, das wär so ein Dessous-Laden, weil ich eine Strumpfhose brauch. Da hab ich mich jetzt sauber vertan.“

Steffi kniff die Augen zusammen.

„Das denke ich auch.“

Berti ergriff die Flucht.

„Wiederschau'n.“

Draußen atmete sie tief durch. Das war sicher einer der Männer, die Michi suchte. So schnell es ihre Füße und die flachen Schuhe zuließen, schlug sie den Weg neben dem Café Weth zur Nikolauskirche ein, bog nach rechts ab, um die Kirche herum. Dieser Teil des Ludwigsplatzes lag im Schatten, aber es gab keine Bank zum Hinsetzen. Also tippelte sie fünfzig Meter weiter, vorbei an der Ölberg-Kapelle zum Riedergarten. Auf der ersten Parkbank ließ sich Berti erschöpft nieder. Ein flaches Wassergerinne parallel zum Gehweg glitzerte in der Sonne, die unbarmherzig brannte.

Berti kramte in ihrer Tasche nach dem Handy, das Michi und Conny ihr gekauft hatten. Ein einfaches Handy mit großen Tasten sollte es sein. Zuerst aber musste Berti es finden.

„Mei o mei“, schnaufte sie, „wo ist denn des G'raffel!“

Unter einem Schal und einigen Taschentüchern fand sich schließlich das G'raffel, auch bekannt unter dem Begriff Mistding.

Da es in einem Etui steckte, hatte sie sich die wichtigsten Nummern auf einen Zettel notiert und wählte jedes Mal neu. Die gespeicherten Nummern verwechselte sie ständig.

„Conny?“

Connys Mailbox ließ hören, dass sie eine Nachricht hinterlassen könne.

„Ich hab ihn gesehen, den wo der Michi sucht. Glaub ich. Rufst mich zurück, bitte?“

Berti legte auf und tippte mit dem Zeigefinger Michis Handynummer ein.

„Michi?"

Erneut hörte sie die lästige Mailbox-Ansage.

„Michi, ich hab ihn. Einen Brief hat er dagelassen in dem Geschäft. Mit einem schönen Gruß aus Dings, Lissabon. Meld' dich einmal!"

Die Turmuhr der Kirche hinter ihr schlug zweimal. Halb zwölf.

„Mei, hab ich jetzt einen Hunger", brummte sie in sich hinein. „Und einen Durscht, Herrschaft Zeiten."

Sie machte sich auf den Weg zurück zum Max-Josef-Platz. Das Wirtshaus Stockhammer kannte sie noch von früher. Einige Feiern der Warthens-Familie, als sie noch größer war als heute, hatte sie dort verbracht. Die folgende Rechnung würde sie Michi ebenfalls präsentieren. Nachdem, was sie heute für ihn geschafft hatte, sollte er ruhig blechen.

Hannover, Courtyard-Hotel 11.38 Uhr

Michael hatte sich nach dem Gespräch mit Kommissar Burghard so gut gefühlt wie seit seiner Ankunft nicht. Kurz darauf hatte er versucht, mit Robert Kontakt aufzunehmen. Roberts anonymes Handy war abgeschaltet. Das Guthaben sollte sein Klient gerne für Wichtiges aufsparen, beruhigte sich Michael. Er würde den Kontakt dennoch herstellen müssen, da biss die Maus keinen berühmten Faden ab. Ein paar Male hatte er in der letzten Stunde probiert, Robert zu erreichen. Schließlich schaltete er sein Smartphone aus, steckte es zum Laden in eine der wenigen Steckdosen im Zimmer und ging hinunter ins Restaurant.

Die Preise waren gesalzen, und auch das Frühstück hatte er extra bezahlen müssen. Aber was tat man nicht alles für seine Klienten, die die Spesen auf die Rechnung gesetzt bekamen.

Nach dem reichlichen Frühstück genügte ihm jetzt eine Kleinigkeit an Salat mit Shrimps, dazu trank er ausnahmsweise ein kleines Bier mit Alkohol. Michael sagte sich, es verdient zu haben. Noch dazu schmeckte das „Preußenbier" ausgezeichnet. Er war versucht, sich ein größeres Glas zu bestellen, ließ es aber dann bleiben. Er brauchte einen klaren Kopf.

Was der Kommissar am Ende ihres Gesprächs am Telefon mit einem gewissen Max besprochen hatte, hatte er nicht erfahren dürfen. Es musste eine Hammermitteilung gewesen sein. Jedenfalls hatte Burghard den Polizisten an der Tür sofort angewiesen nachzusehen, ob dieser Caruso nicht wieder von einem Psychologen in Beschlag genommen worden war, oder anderweitig kriminaltechnisch untersucht wurde. Der Kommissar wollte ihn sofort sprechen.

Michael wusste nicht, ob eine seiner Aussagen damit zu tun hatte. Burghards Verhalten beim Aufsammeln der herabgefallenen Akten ließ das vermuten. Der

Kommissar wollte Michael etwas sagen, aber er hielt sich gewaltig zurück. Zwei-, dreimal hatte er seinen Mund aufgemacht, bis er sich seiner Schweigepflicht ergab und sagte: „Sie wissen gar nicht, wie wichtig das vorhin war."

Mit das vorhin war Michaels Bericht über Robert gemeint.

„Sie halten sich zu unserer Verfügung", ließ ihn Burghard wissen, und Michael hatte mit „sehr gern" geantwortet.

Jetzt also hielt er sich bei Shrimps-Salat und einem Bierchen zur Verfügung, während draußen Segelboote vorbei schipperten. Sie erinnerten Michael an den Chiemsee, und an seine Flüge mit dem Drachen vom Rosenheimer Hausberg, der Hochries, ohne so etwas wie Heimweh zu bekommen. Außer, dass es hier verdammt flach war, würde er es in Hannover ein paar Tage aushalten. Er nahm den letzten Schluck aus dem Glas und zahlte.

Zurück auf seinem Zimmer brummte sich sein Smartphone einen Wolf.

Nachricht von Conny. Nachricht von Berti.

Er hörte beide Mailbox-Botschaften ab und bekam einen roten Kopf. Die Sache lief!

Berti hatte Conny Bescheid gegeben, dann ihm, dann hatte Conny versucht, ihn zu erreichen, anschließend nochmal Berti.

Er tippte Conny an.

„Servus, geht's?"

Conny fragte, ob er meinte, dass sie sprechen könne und bejahte.

„Hast du Berti schon kontaktiert? Sie hatte anscheinend Erfolg mit ihrer Mission."

Michael lachte.

„Wahnsinn, ja. Hast du sie eingespannt?"

„Ich glaube, es hat ihr sogar Spaß gemacht."

Skeptisch fragte Michael, ob sie das wirklich glaube.

„Deine Tante sitzt jetzt beim Stockhammer, draußen, lässt sich Ochsenbacken schmecken und freut sich, dass du zahlst."

„Na dann …“

Conny verriet ihm, was Berti ihr schon erzählt hatte.

„Natürlich weiß sie nicht, was in dem Brief steht, oder ob was anderes drin steckt, Geld vielleicht. Aber du solltest dringend diesen Robert Robeus darüber informieren, dass ein Brief für ihn im Laden angekommen ist. Ich weiß ja nicht, ob diese Verkäuferin, Steffi, von der Berti gesprochen hat, ihren Chef tatsächlich nicht erreichen kann.“

Michael bestätigte mit einem Aufstöhnen, dass sie das wirklich nicht konnte.

„Es ist freilich ein wenig vage, vom Aussehen des Typen darauf zu schließen, dass der eine Kontaktperson von Roberts Lissabonner Auftraggeber war.“

„Ruf Berti doch selber an“, schlug Conny ein wenig beleidigt vor, „wenn du mir nicht glaubst. Sie hat das anschaulich geschildert, das ganze Verhalten, und dass er den Chef sprechen wollte. Und dann dieses Kuvert. Angeblich aus Lissabon, sagte Berti.“

„Was?“ Michael konnte es nicht fassen. Jetzt war klar, der Kerl aus Portugal suchte Kontakt zu Robeus. „Ich muss unbedingt und sofort mit Robert reden. Aber er geht nicht ans Telefon.“

„Habt ihr das nicht so besprochen?“

„Nicht, wenn ich ihn anrufe. Er sieht doch meine Nummer.“

Conny fragte, ob es eine schlechte Idee wäre, wenn Michael ihr den Aufenthaltsort von Robert nennen würde.

„Dann könnte ich doch hingehen und ihm sagen, dass ein Brief für ihn in seinem Laden wartet.“

„Untersteh dich“, tadelte sie Michael halb im Scherz, halb ernst. „Obwohl? Nein, nur wenn es gar nicht anders geht.“

Sie verabredeten, wenn Michael Robert nicht bald telefonisch erreichen würde, sollte Conny ihn aufsuchen.

Sein Gewissen ließ ihn anschließend Bertis Nummer wählen. Es dauerte, bis sie abhob.

Sie redete leise und so undeutlich, als hätte sie ihr Gebiss im Glas zu Hause stehen lassen. Davon konnte keine Rede sein.

„Ich bin beim Stockhammer. Da sind lauter Leute, die schauen schon bös', weil mein Handy so laut ist. Hat dich Conny angerufen?"

„Ja, natürlich, und …"

„Dann weiß du ja, was los ist. Ich ess' jetzt meine Ochsenbackerl. Pfüad di."

Michael konnte sich ein breites Grinsen nicht verkneifen. Berti war die Beste. Zuhause würde er ihr gleich seine neue Büronummer geben.

Kurz darauf meldete sich Martina Lehnkamp.

„Gilt das noch mit heute Nachmittag?"

„Klar, schön, dass Sie anrufen. Ich war bei Burghard. Die Sache läuft. Ihren Freund werden wir schneller aus dem Gefängnis kegeln als die Kugel über die Bahn rollt."

„Na, Sie sind ja optimistisch. Bis dann."

Er hatte wirklich ein gutes Gefühl. Jetzt musste er nur noch Robert erreichen.

„Geh ran, Mensch!"

11.30 Uhr. ZKD, Büro Burghard

Kommissar Burghard hatte bis jetzt vermeiden können, ins Großraumbüro zu ziehen. Seine Kollegen arbeiteten seit Jahren dort. Zusammenarbeit und Kommunikation sollte dort besser klappen. Er konnte sich das – für sich – nicht vorstellen, und bis jetzt hatten seine Vorgesetzten ihn gewähren lassen. Dieses Büro war sein Rückzugsgebiet. Oft genug musste er sich im Großraum aufhalten, wenn das Ermittler-Team Wichtiges und Aktuelles zu besprechen oder Telefonmitschnitte aufzuzeichnen hatte.

Noch während dieser Privatdetektiv aus Bayern hier gewesen war, hatte Max Unger von der KT ihn angerufen. Max hatte ihn mehr oder weniger vorgewarnt vor dem, was wenig später als Fax aus seinem Drucker schlüpfte. Ermittlungen der Kollegen über die Tatwaffe hatten zuvor bereits ergeben, dass sie als gestohlen gemeldet war. Von wem, das war ebenso bekannt. Dass dieser jemand vom Geheimdienst ins Ausland versetzt worden war, hatte Max ihm bereits berichtet.

Nun stand fest, wohin dieser jemand versetzt worden war: nach Portugal, Deutsche Botschaft in Lissabon.

Wenn Burghard nicht ausgerechnet wenige Augenblicke zuvor von Michael Warthens erfahren hätte, dessen Klient sei in Lissabon zu einem Attentat angeworben worden, hätte er das als Fußnote abgetan. War es Zufall? Die Waffe, mit der in Hannover geschossen wurde, gehörte einem Beamten des BND, der in Lissabon Dienst tat! Warthens' Klient bekam dort den Auftrag, lehnte ab, und einen Tag später …

War die Waffe tatsächlich gestohlen worden, oder konnte das eine Finte sein? Doch warum sollte ein Mann vom BND so etwas tun? Der musste doch wissen, welche Folgen der Verlust seiner Dienstwaffe haben konnte. Oder steckte Absicht dahinter?

Burghard hoffte sehr, diesen ominösen Klienten des bayrischen Privatschnüfflers bald sprechen zu können. Sollte er gerne anonym bleiben. Geschenkt.

Kommissar Burghard verließ sein Rückzugsgebiet und rief seine Leute im Großraumbüro zusammen. Das Bundesamt für Verfassungsschutz hatte sich gemeldet. Ein Bekennerschreiben zum Anschlag sei im Netz aufgetaucht. Absender: SchwertFisch!

Burghard schüttelte kaum merklich den Kopf. „Vollkommener Fake", zischte er durch die Zähne.

Kurz darauf nahm er Kontakt zum BKA und zur Deutschen Botschaft in Lissabon auf.

Rosenheim, Mangfalldamm
11.55 Uhr

Robert sah auf sein Handy. Das Display blieb schwarz. Er wollte es nicht anschalten, aber irgendwann würde er es müssen.

In Ramonas Wohnung hatte er es nicht mehr ausgehalten. Sein freiwillig gewähltes Gefängnis bot zwar einiges an Komfort, aber er sorgte sich, bald nicht mehr er selbst zu sein. Ramona war lieb. Zu lieb. Wenn er noch lange bei ihr blieb, würden sie sich womöglich allzu nahe kommen. Kürzlich hatte sich Robert beim Nachdenken darüber ertappt, wie es wäre, ihrem Werben nachzugeben. Nach der Flucht vor seinen mutmaßlichen Verfolgern haute er jetzt auch noch vor seiner Retterin ab und kam sich so schäbig dabei vor.

Auf Höhe des Freibads neben der Mangfall klang Kindergeschrei aus der Anlage. Noch war das Bad nicht rappelvoll, obwohl es heiß war wie in Dubai. Vor einer Woche hatten die Sommerferien in Bayern begonnen. Viele waren verreist. Früher sagte man, „in wärmere Gefilde“. Robert war bei dem Gedanken sofort wieder in Portugal. An – oder wie es richtigerweise hieß, in der Algarve im Süden des Landes durften nun alle Bettenburgen ausgebucht sein. Die Strände am Atlantik und weiter im Norden waren mit Surfern, Tauchern und auch einheimischen Urlaubern bevölkert. Robert wäre gerne dortgeblieben. Aber seine Situation hatte sich schlagartig geändert. Gerade noch hatte er sich wohl gefühlt mit dem Laden, hatte den Tod seiner Frau nach langer Zeit endlich überwunden. Er war gesund und zufrieden gewesen.

Nun holte ihn seine Vergangenheit ein. Für seine Feinde war er erpressbar, für sich selbst unschuldig. Ungerecht war das Leben, sagte er sich, während er den juchzenden Kindern auf der Rutsche zusah. So unbeschwert wäre er jetzt auch gerne gewesen.

Langsam machte er sich auf den Weg zurück zu Ramona. Dabei überquerte er die Fußgänger-Brücke über die Mangfall beim Schwimmbad. Auf der linken Flussseite führte der Dammweg am ehemaligen Landesgartenschau-Gelände vorbei zurück zur Innsbrucker Straße. Im Mangfallpark-Süd hatte noch vor kurzem das Sommerfestival stattgefunden. Robert hatte sein Team auf ein Konzert dorthin eingeladen, als kleinen Betriebsausflug gewissermaßen.

Er schob sich die riesige Sonnenbrille auf die Stirn und holte das von Michael als absolut anonym versprochene Handy aus der Tasche. Lange betrachtete er es, als wäre es eine Handgranate.

Ein Radfahrer klingelte und rauschte gefährlich nah von hinten an Robert vorbei. Der heiße Windhauch brachte keine Abkühlung.

Robert schaltete das Handy ein. Michael hatte tausendmal angerufen.

Lissabon, deutsche Botschaft
10.55 Ortszeit

Die genaue Adresse der Botschaft lautete: Campo dos Mártires da Pátria, 38, 1169-043 Lisboa/Portugal. Das Gebäude war ein nicht besonders ansprechender Altbau in einer Reihe von Stadthäusern, lag aber direkt gegenüber einem der vielen Parks der Stadt.

Von außen deutete einzig ein ovales, schwarz-rot-goldenes Schild mit dem Bundesadler darauf hin, dass hier der Botschafter der BRD residierte. Man hatte es an einem Gitter der zahlreichen kleinen Balkone an der Fassade im ersten Stock befestigt. Zu besonderen Anlässen grüßte eine deutsche Flagge vom Balkon.

Von portugiesischen Beamten beäugt, gelangte der Mann mit der Sonnenbrille durch den Eingang. Er war bekannt, deshalb musste er seinen Ausweis nicht vorzeigen, und er wurde gegrüßt.

Draußen hatte es zu regnen begonnen. Über dem zuvor aufgeheizten Kopfsteinpflaster der Straße bildete sich feiner Dampf.

Durch die Fenster der Eingangshalle fiel im Moment wenig Licht. Der Mann nahm die Sonnenbrille ab. Seit man ihn hierher versetzt hatte, war er der politischen Abteilung zugeteilt worden. Sie betreute hochrangige Gäste und organisierte die Besuche. Die Aufgabe, die Bundesregierung über politische Entwicklungen in Portugal zu informieren, war ein wesentlicher Bestandteil dieser Abteilung. Welchen Auftrag ein BND-Mitarbeiter dort zu erfüllen hatte, war in der Unterabteilung des Nachrichtendienstes kein Geheimnis. Der Mann hatte klare Anweisungen, bestimmte, auch vertrauliche Informationen zu sammeln, um die Regierung in Berlin damit zu füttern. In Portugal fanden sich kaum Hinweise auf irgendwelche brisante Staatsverschwörungen oder Mauscheleien in Europafragen. Das hieß nicht, dass es nichts gab, was er herausfinden konnte. Er schob einfach eine ruhige Kugel. Die Sache mit der gestohlenen P8 hatte ihn hierher gebracht. Die Kollegen wussten davon und mieden ihn entweder, oder sie lachten hinter vorgehaltener Hand über ihn. Denen würde das Lachen schon noch vergehen, wenn er erst einmal seine Sache erledigt hatte.

Man bat ihn zum Rapport und teilte ihm mit, dass der Stellvertreter des Honorarkonsuls um 10.38 Uhr vom Landeskriminalamt Niedersachsen darüber informiert worden war, ein Mitarbeiter der politischen Abteilung könnte in das Attentat von Hannover verwickelt sein.

Nun musste er also mit im Rücken verschränkten Händen und zwischen zwei Polizeibeamten dem Leiter der politischen Abteilung Rede und Antwort stehen.

Mit seiner Dienstwaffe sei ein Anschlag auf den niedersächsischen Minister Herold verübt worden.

Mit leiser, wohlklingender Stimme erklärte er sein Missgeschick mit der Waffe, das ja geläufig sei. Dass nun das allgemein bekannte Attentat damit verübt worden sei, tue ihm unendlich leid. Aber er habe natürlich nichts damit zu tun. Wie auch. Schließlich sei er seit Monaten hier und erfülle seine Pflicht.

Der Leiter der politischen Abteilung erhob sich aus seinem Ohrenbackensessel und schaute hinauf zum Kronleuchter. Dessen Glasperlen klackerten leise wie ein Windspiel, bewegt von der Klimaanlage, die feine, kühle Inseln in die Luft wie unsichtbare Seifenblasen hauchte.

„Sie werden nach Deutschland fliegen“, stellte der Chef unmissverständlich klar. „Melden Sie sich beim ZKD in der Polizeidirektion Hannover.“

Urplötzlich klickten Handfesseln auf seinem Rücken. Er erschrak und erkundigte sich nach dem Sinn dieser Maßnahme.

„Nur eine Vorsichtsmaßregel. Der Zentrale Kriminaldienst in Hannover und das dortige Landeskriminalamt baten uns, ihnen mitzuteilen, ob sie sicher gehen können, Sie in Deutschland begrüßen zu dürfen.“

Der Mann fluchte leise. Redete der mal wieder geschwollen.

„Die beiden Herren“, beendete sein Chef das Gespräch, „werden Sie begleiten.“

Hannover, Courtyard-Hotel. 12.00 Uhr

„Geh schon ran, Mensch!“, fluchte Michael. Roberts Handy war seit Minuten belegt.

Also hatte er es angeschaltet. Mit wem telefonierte er denn? Konnte es sein, dass Robert soeben versuchte, Michael zu erreichen?

Er legte das Smartphone aufs Bett, wo es Sekunden später schnurrte wie ein riesiger Kater. Michael nahm ab.

„Robert! Hören Sie zu. Ich ruf Sie gleich zurück. Sparen Sie das Guthaben. Sie werden es bestimmt noch brauchen!“

Beide legten auf. Nachdem Michael erneut Roberts geheime Nummer gewählt hatte, ging er nach dem ersten Signalton ran.

Michael fragte, wo er sei, ob er sprechen könne.

„Auf Höhe vom Malteser Hilfsdienst am Mangfalldamm. Da ist ein Parkplatz davor. Ich gehe besser nochmal zurück. Da kann ich mich auf eine Bank setzen.“ Michael glaubte zwar nicht, dass es jemand von den Maltesern interessiert hätte, was Robert und er zu reden hatten. Aber besser war es sicher, Abstand zu halten.

„Was gibt's?“, hatte Robert es eilig, Neues zu erfahren. „Haben Sie was rausgefunden?“

„Noch nicht, aber hier ermittelt in der Sache ein gewisser Kriminalhauptkommissar Burghard. Der ist aufgeschlossen für den Fall. Sie müssen Geduld haben Robert.“

Mit der Geduld hatte es Robert im Augenblick gar nicht.

„Michael, Sie können sich wohl nicht vorstellen, wie es mir geht. Ich kann nicht zurück in meinen Laden.“

„Oh doch!“, schnellte Michael dazwischen. „Genau deswegen versuche ich ja die ganze Zeit, Sie zu erreichen. Jemand war in Ihrem Geschäft und hat einen Umschlag für Sie dort abgegeben. Wir wissen nicht, ob das wirklich mit Ihrem Fall zu tun hat.“ Ob er Robert verraten sollte, woher und von wem er das mit dem Brief erfahren hatte? „Einer meiner Mitarbeiter hat den Laden observiert und ist auf einen Mann gestoßen, der mit Ihrer Beschreibung des Kerls aus Lissabon übereinstimmen könnte.“

„Der ist in Lissabon“, bemerkte Robert trocken.

„Oder nicht mehr. Oder es war einer, der mit dem in Portugal zusammenarbeitet. Das werden wir nur herausfinden, wenn Sie den Brief öffnen.“

Robert überlegte lange.

„Was, wenn mir da jemand auflauert? Und wenn Sie hingehen?“

„Ich bin in Hannover, schon vergessen?“ Robert gab nach.

„Heute Abend, nach Ladenschluss schaue ich nach. Reicht das?“

„Ich glaube nicht. Wir sollten so schnell wie möglich herausfinden, was in dem Brief steht. Können Sie Ihre Mitarbeiterin, mir wurde gesagt, eine gewisse Steffi, anweisen, Ihnen den Brief früher zu übergeben?“

Wieder dachte Robert lange nach.

„Ich ruf Steffi an, okay?“

Michael zeigte sich zufrieden.

„Sehr gut. Noch etwas: Wären Sie bereit, den Mann aus Lissabon für die Polizei näher zu beschreiben? Über Handy und weiterhin anonym. Die machen dann eine Phantomzeichnung.“

„Wie soll das gehen? Ich müsste den Zeichenvorgang doch sehen, damit ich sagen kann, ob die Zwischenergebnisse oder Computeranfertigungen mit dem übereinstimmen, was ich beschreibe.“

„Richtig“, bestätigte Michael ein bisschen verzweifelt, „aber zum Glück kann man die Zwischenergebnisse ja senden, und zwar an mich, und ich leite sie dann an Sie weiter.“

„Schön kompliziert“, schnaubte Robert in Michaels Ohr.

Mit einem Lächeln versuchte Michael, sich selbst den Druck zu nehmen, der auf diesem Fall lastete.

„Ja mei, Sie wollen ja nicht persönlich von der Polizei vernommen werden und in der Versenkung bleiben.“

Der Vorwurf musste sein.

Doch Robert wehrte sich: „Auch wenn ich mich wiederhole, Michael, wenn ich mit irgendwas erpressbar sein soll, dann mit meiner Vergangenheit als Polizist. Wer anderes als jemand aus dem Polizeiapparat oder anderen staatlichen Behörden sollte davon wissen. Wer? Ich war selbst bei dem Verein. Ich weiß, wovon ich rede!"

Das saß. Michael brummte eine Entschuldigung.

„Okay, besorgen Sie sich erstmal Ihre Post. Dann sehen wir weiter. Ich informiere Kommissar Burghard darüber, dass Sie Ihren Auftraggeber beschreiben wollen."

Ob in Hannover oder in Rosenheim, die Mittagshitze nahm unangenehme Ausmaße an. Nur in Lissabon schauerte es.

Hannover, Maschsee. 15.04 Uhr

Die alte Weide warf einen gnädigen Schatten über den toten Körper am Seeufer. „Können Sie sagen, wie lange er schon tot ist?"

Die Standardfrage nach einem Leichenfund an den forensischen Pathologen kam Kommissar Burghard schwer über die Lippen. Sie musste sein.

Dr. Geyer reagierte, wie er befürchtet hatte. Unwirsch: „Sie wissen genau, dass ich Genaueres erst nach der Obduktion sagen kann."

Burghard ging nicht näher darauf ein. Den Mann von der Spurensicherung, der an den Fußenden der männlichen Leiche nestelte, hatte er noch nie gesehen.

„Und was ist das?"

Der Unbekannte sah zu Burghard auf. Milchbubi, ging dem Kommissar durch den kahlen Kopf. Und: na ja, jeder muss mal anfangen.

Der jugendliche Mann in weißem Schutzoverall antwortete nach kurzem Überlegen: „Ein Strick. Die Füße wurden damit zusammengebunden. Hier ist ein längeres Ende, das gerissen zu sein scheint – oder von einem Messer durchtrennt." Seine Stimme klang im Gegensatz zu der des Kommissars äußerst männlich, fest und tief.

Doch kein Milchbubi. Burghard beugte sich zu ihm hinab und besah sich das Seilstück. Es besaß einen über zwei Zentimeter großen Durchmesser.

„Ein Hanfseil. Ziemlich dick, um jemand damit zu fesseln. Da hing noch was dran", stellte er fest.

Der junge Mann nickte nachdenklich.

„Der wurde versenkt, denken Sie?"

Burghard schob einen vom Baum gefallenen Ast vorsichtig unter das Seil und hob es an.

„Möglich, ja. So, wie das Seilende aussieht, könnte es von einer Schiffsschraube glatt durchtrennt worden sein."

„Dann müsste er weiter draußen im See gelegen haben. Die Schiffe hier haben keinen großen Tiefgang. Der See ist durchschnittlich nur zwei Meter tief, und das hier ist auch keine Anlegestelle für Boote oder Schiffe." Er streckte dem Kommissar vergeblich seine Hand zum Gruß hin. „Mein Name ist übrigens Keller. Konrad Keller."

Burghard sah den jungen Mann an, ohne eine Miene zu verziehen oder auf Kellers Vorstellung einzugehen.

„Woher, zum Teufel, wissen wir eigentlich von der Leiche?", erkundigte sich der Kommissar. „Und wie wurde sie gefunden?"

„Der Mann lag schon hier am Ufer, als ihn der Hund eines Spaziergängers aufspürte. Als hätte man ihn hier abgelegt. Ein Herr Johannson rief bei uns an, dass er eine Leiche im Maschsee gefunden habe und gab den Fundort an."

In einem Abstand von kaum zehn Metern zur Leiche vernahm eine Beamtin mit blondem Pferdeschwanz einen älteren Herrn, neben dem ein schwarzer Labrador brav saß und scheinbar interessiert zuhörte. Kommissar Burghard hörte, wie er die Frage nach dem Anruf verneinte. Er heiße Klaas Kötter, und er habe doch sein Handy zuhause vergessen. Seine Frau schimpfe ihn auch ständig deswegen, weil er ja sonst wo sein könne, aber er habe ja Fido dabei. Fido sei es schließlich gewesen, der den Mann gefunden habe, und dann habe er einem anderen Herrn mit einem Schäferhund gebeten, er solle bitte bei der Polizei anrufen. Und zwei Minuten später sei die dann auch schon gekommen, was ihn sehr verwundert habe.

„Hat der Anrufer tatsächlich im Maschsee gesagt?", fragte der Kommissar noch einmal nach. „Und der hieß oder heißt Johannson?"

Keller bejahte beide Fragen.

„Wann war das?"

„Vor einer Stunde etwa. Ein zweiter Anruf ging auch ein, aber da waren wir ja schon unterwegs hierher. Der kam wohl von dem Herrn mit dem Hund dort."

Konrad Keller, Dr. Geyer und der Kommissar richteten ihre Blicke reflexartig zu der Beamtin und dem Rentner mit dem Labrador. So beobachteten sie, wie vom mit Flatterband abgesperrten Uferweg her ein Mann im Jogging-Outfit, schlank und geschmeidig, aufs Ufer zu trabte. Er hatte die Absperrung einfach ignoriert.

Nach ein paar klärenden Worten mit der Polizistin durfte er seinen Weg fortsetzen.

Inzwischen meldete sich Dr. Geyer zurück: „Zwei Stunden. Höchstens“, sagte er mit säuerlichem Gesichtsausdruck.

„Todeszeitpunkt, oder?“, bohrte Burghard nach.

„Ja. Lebertemperatur, Wassertemperatur berücksichtigt, und die Rigor Mortis, die Leichenstarre, beginnt gerade erst.“

„Also starb er um dreizehn Uhr herum. Plus minus dreißig Minuten.“ Der Kommissar erhob sich ächzend aus seiner Kniebeuge. „Am lichten Tag. Wissen wir schon, wer er ist?“

Der Arzt schüttelte den Kopf.

„Kein Ausweis, nichts.“

„Die Identifizierung“, überlegte Burghard, „wird wohl wieder mal über die Medien laufen müssen.“

Er mochte es nicht, wenn das Gesicht eines Toten in der Zeitung erschien, unter dem, wer kennt diesen Mann, zu lesen war. Die nicht besonders hübschen Bilder sahen schließlich auch Kinder. Er hoffte, den Mann zuvor über eventuell gespeicherte Fingerabdrücke, DNA oder Fotoabgleiche in den Datenbanken identifizieren zu können. Die Möglichkeit, dass er irgendwann einmal erkennungsdienstlich erfasst worden war, und wenn es nur ein Verkehrsdelikt gewesen sein sollte, war zwar gering, aber nicht auszuschließen.

Der Mann in leichter Joggingkleidung kam keuchend beim Kommissar an.

„Johannson“, stellte er sich vor, „Eike Johannson. Wie ich sehe, sind Sie nach meinem Anruf schnell hier gewesen.“

„Wie bitte?“ Burghard zeigte auf die Leiche. „Ihr Anruf?“

„Klar. Also, das war so: Ich wollte mich erst umziehen, und dann die Polizei, also Sie, benachrichtigen.“

„Nun mal langsam mit den jungen Pferden“, stutzte der Kommissar, „Sie haben den Toten gefunden und sich danach erstmal umgezogen? Geht’s noch?“

Eike Johannson war um die Dreißig, besaß verschmitzte Augen, die merkwürdige, rötliche Abdrücke rahmten.

„Entschuldigung. Ich dachte, es eilt nicht so. Der war ja schon tot.“ Er zeigte aufs Wasser. „Ich bin getaucht, Übungen, wissen Sie. Vor meinem Maledivenurlaub habe ich nochmal die Ausrüstung getestet. Da liegt dieser Kerl auf dem Grund, angebunden an einen Betonsockel. Vielleicht lebt er ja noch, denke ich, und schneide ihn los von dem Seil. Er trieb sofort nach oben. Ich legte ihn dann hier ab, bin nach Hause, rief bei Ihnen an, und na ja, jetzt bin ich ja wieder hier – aufgetaucht."

Der junge Spurensicherer und Kommissar Burghard sahen sich an und waren sich einig: keine Schiffsschraube.

„Okay, machen Sie Ihre Aussage bei einem unserer Kollegen. Sind ja genügend da. Überlegen Sie vor allem, ob Sie jemand gesehen haben, bevor oder nachdem Sie getaucht sind."

Johannson verneinte.

„Zumindest niemand, der noch gelebt hat", meinte er mit ins Gesicht gemeißeltem Dauergrinsen. Es sei hier alles ziemlich einsam gewesen. Baden sei ja nur im Bereich des Strandbads erlaubt, wobei Tauchen für die Ordnungskräfte ja auch so etwas wie Baden sei – in dem flachen Tümpel.

Der Kommissar antwortete ihm ungerührt: „Das kostet Sie dann womöglich eine geringe Strafe wegen einer Ordnungswidrigkeit. Danke für Ihre Ausführungen."

Kurz darauf nahm die Polizistin mit dem Pferdeschwanz Johannsons Personalien und seine Aussage auf.

Burghard wandte sich an Dr. Geyer: „Haben Sie außer dem ungefähren Todeszeitpunkt eine Ahnung von der Todesursache?"

Der Arzt strich mit seinen mit Latexhandschuhen geschützten Händen an der Brust der Leiche entlang.

„Ertrunken ist er schon mal nicht."

Unter dem Brustbein klaffte ein zwei Finger breites Loch, in das Dr. Geyer einen Finger gleiten ließ.

„Keine Schusswunde. Messer, tippe ich. Auf dem Tisch im Labor werde ich das bestätigen."

Mit Schlitzaugen ließ Burghard den Blick über das mit Weiden bestandene Ufer schweifen.

„Er wurde also erstochen, hierher gebracht, beschwert und versenkt. Klingt fast nach Mafia."

Dr. Geyer hob die Schultern.

„Das ist Ihr Metier, Kommissar." Er stemmte sein Übergewicht in die Höhe und bekam einen roten Kopf von der Anstrengung. Während er seine Handschuhe auszog, lieferte er noch eine Information nach: „Der ist höchstens Dreißig, und das war in seiner rechten Jeanstasche."

Er hob einen durchsichtigen Plastikbeutel mit einem nassen, weißen Baumwollhandschuh darin vor Burghards Nase.

Der Kommissar sah ihn sich ohne äußerliche Regung an. Routinemäßig forderte er eine Taucherstaffel an, um den Rest des Seils und ein mögliches Teil zum Beschweren der Leiche zu bergen. Die Leute von der Spurensicherung suchten die Umgebung nach Hinweisen von Fahrzeug- und Reifenspuren aller Art ab.

Burghard ersuchte den Polizei-Fotografen, ihm so schnell wie möglich die Leichenfotos zu senden. Sicher waren welche dabei, die den ganzen Körper zeigten. Die Jeans des Toten wiesen am rechten Knie einen breiten Riss auf.

Rosenheim. 15.53 Uhr

Robert hatte in einer Stunde viermal versucht, Steffi zu erreichen. In Ramonas abgedunkeltem Wohnzimmer lümmelte er unflätig breitbeinig auf ihrer Couch und genoss halbwegs erleichtert die Kühle. Draußen waberte die Stadtluft. Vom Freibad her drang Kindergeschrei bis in die Wohnung.

Wenn sein Verstecken noch lange dauerte, würde er die Kontrolle über seinen Laden verlieren? Wie konnte er nur vergessen, welcher Tag heute war! Natürlich ging Steffi nicht ans Telefon. Er selbst hatte sie an Donnerstagnachmittagen bis 18 Uhr für Kinder- und Jugendlichenkurse eingeteilt. Steffi konnte gut mit Kindern. Die meisten Kids – diejenigen, die nicht von ihren Eltern gezwungen worden waren – übten mit Begeisterung, ihr Verhalten bei Übergriffen zu stärken. Die Kurse liefen unter dem allgemeinverständlichen Begriff Strong-Kids. Steffi machte ihren Job hervorragend. Sie wusste das und schielte deshalb auf eine saftige Gehaltserhöhung. Robert musste lächeln. Natürlich würde sie die erhalten. Am besten in Form einer Gewinnbeteiligung an den Kursgebühren. Das würde sie noch mehr motivieren.

Später! Erst musste er hier raus. Seit dem Telefonat mit Michael saß er tatenlos herum. Viermal Steffis Nummer zu wählen zählte er zur Kategorie untätig.

Ramona war mit einer Freundin unterwegs, irgendwo in der Stadt. Wo ging man bei dieser Hitze hin in Rosenheim, außer man liebte vor Schweiß am Körper klebende Kleidung und heiße, Feinstaub beladene Abgasluft? Robert sprang auf. Die Mangfall, das zweitgrößte Gewässer nach dem Inn, das durch Rosenheim floss, plätscherte mit wenig Wasser gleich um die Ecke des Hochhauses.

Im Lift war es stickig. Unten angekommen ruckelte die Kabine bedenklich. Die Tür öffnete sich, und er erschrak, weil eine Frau direkt davor stand. War er so dünnhäutig geworden?

„Hallo“, grüßte die rothaarige Frau freundlich und lächelte, während sie an ihm vorbei in den Lift stieg. Die Frau duftete nach einem leichten Rosenparfüm. Robert ärgerte sich über sich selbst, dass er sogar vor harmlosen, rotblonden Frauen zurückschreckte, als wären sie Hexen und würden auf ihn gehetzt.

Er klemmte sich die Sonnenbrille auf die Nase und schlug den Weg zum Mangfalldamm ein. Mittags war er noch an der Brücke zwischen Eisstadion und Malteser-Haus unterwegs gewesen. Aber dort knallte die Sonne mittlerweile unbarmherzig auf den Fuß- und Radweg.

Er blieb auf der rechten Uferseite und spazierte von der belebten Innsbrucker Straße in Richtung Eisenbahnbrücke flussaufwärts.

Wer ihm da telefonierend entgegen schlenderte, erkannte er von weitem. Ihre viel zu weite Hose schlackerte um Sylvies Hüften. Sollte er sie ansprechen? Sie hielt ihr Handy ans Ohr und plapperte etwas. Aber sie redete leise, fast flüsternd. Ihre Wege trafen sich, und in diesem Augenblick brach Sylvie das Gespräch ab, ohne aufzulegen.

Im ersten Moment sah sie Robert misstrauisch an, und Robert schob die Brille auf die Stirn. Das Mangfallwasser glitzerte und blendete ihn.

„Hey“, lächelte Sylvie. Sie bekam Grübchen an ihren fülligen Wangen.

Robert machte nur eine angedeutete Handbewegung zum Gruß. Sylvie sah auf ihr Handy.

„Bis später“, hauchte sie hinein und legte auf. „Was machst denn du hier?“

„Das weiß ich auch nicht so genau.“ Er schaute zum Himmel. „Die Zeit totschlagen?“

Sylvie verzog ihr Gesicht, als bereitete ihr die Antwort Schmerzen.

„Das ist strafbar. Totschlag, meine ich.“

„Jedenfalls habe ich Zeit. Ich muss einfach abwarten, was Michael macht.“

„Michael? Der Detektiv, bei dem wir waren?“

Robert nickte.

„Wollen wir uns setzen?“

Sylvie schaute sich um.

„Da unten.“ Robert zeigte auf die Felsen, die an der Wasserlinie zur Dammverstärkung dienten. Eine arg ramponierte Trauerweide ließ daneben einige Äste ins Wasser hängen.

Der Fels, auf dem Robert Platz nahm, war erwartungsgemäß hart, besaß aber eine Kuhle, in die sein Hintern genau passte.

Sylvie schien es ebenso zu ergehen.

„Wie'n Sessel", stellte sie fest und streckte die Füße nah ans Wasser. „Also?"

Robert machte es ihr mit den Füßen nach.

„Was, also?"

„Ist zwar ein Zufall das Treffen hier. Aber wir waren noch nicht fertig gestern Nachmittag bei dem Detektiv, oder?"

„Nein, waren wir nicht", bestätigte Robert, „weil ich immer noch nicht weiß, was ihr im Schilde führt. Mit ihr meine ich eure komische Organisation."

Sylvie reagierte gereizt und warf einen Stein ins Wasser.

„Komische Organisation", wiederholte sie pampig. „Im Moment sogar ja, kann sein. Wir sind in einer Scheißsituation. Man verdächtigt unseren Vorstand in Hannover des Mordversuchs. Wir werden alle schief angesehen. Angeblich gibt es sogar ein Bekennerschreiben von uns für das Scheiß-Attentat. Wusstest du, dass deshalb in Leipzig, in Berlin, Köln, München und Hamburg Leute von uns verhaftet wurden?"

Robert schluckte.

„Was? Wann?"

„Den ganzen Tag schon. Kommt aber erst jetzt langsam ans Licht der Presse. Die haben unsere Freunde einfach festgenommen, weil sie mal bei Demos registriert worden waren. Sie haben nie Gewalt ausgeübt. Von einigen weiß ich das ganz sicher. Möglicherweise sind tatsächlich welche dabei, die nicht zu uns gehören sollten, weil die so einen Scheiß wie Krawalle machen. Aber das sind nur wenige, und die dulden wir auch nicht. Trotzdem, man kann doch nicht alle für etwas verantwortlich machen, das ein Einziger getan haben soll!"

Robert schwieg einige Sekunden. Es gab Verhaftungen? Es würde doch hoffentlich nicht zu Massenverhaftungen kommen? Es stand ja nicht fest, dass der SchwertFisch-Typ in Hannover schuldig war! Genügte ein bloßer Verdacht?

„SchwertFisch ist doch nicht verboten, oder?“, sagte er, nur um Sylvie zum Weiterreden zu bewegen.

„Quatsch! Wir sind ein eingetragener Verein. Wir wollen eine politische Partei werden, und wir haben ganz viele Sympathien, weil wir nicht rechts oder links sein wollen, und schon gar nicht in der Mitte. Da stehen wir drüber, verstehst du. Wir wollen die wahren Probleme angehen, und die muss ich ja nicht extra ausführen, oder?“

Jetzt war es an Robert, einen Stein ins Wasser klatschen zu lassen.

„Mir geht die Sache mit den Verhaftungen nicht aus dem Kopf. Wieso riskiert ihr das?“

„Wir müssen halt jetzt Vieles selbst in die Hand nehmen“, schilderte Sylvie den Grund ihres Engagements, „das geht aber besser als demokratische Partei. Die Gefahr dabei ist, dass wir dann selbst in einem Politikbetrieb sein werden, mit dem wir gerade nicht einverstanden sind. Mal sehen, ob wir's besser machen.“ Sie lächelte wieder mit Grübchenbildung, wurde aber sofort wieder ernst. „Riskieren wollen wir höchstens ein paar Strafen für Aktionen, die nicht wirklich jemanden wehtun, aber Aufmerksamkeit erregen. Erreichen können wir damit natürlich nicht viel. Dazu streben wir eben in die Politik. Was sonst?“

Robert fragte sich, warum dann ausgerechnet der Oberhäuptling seinen Stamm der SchwertFische so in die Bredouille hätte bringen sollen.

Sylvie meinte, sie hätte schon zu viel gesagt und erhob sich entgegen ihrer Jugend behäbig und ächzend. Sie schaute Robert auf die Sonnenbrille.

„Übrigens, die Freundin von deinem Detektiv ist auch zu uns gekommen. Sie ist nett, wenn auch schon ein bisschen alt.“

Robert winkte ihr nach. Verhaftungen! Sind die alle verrückt geworden!

Hannover, Klinikum. 16.04 Uhr

Kommissar Burghard hatte seine Leute am Maschsee zurückgelassen, nachdem er einen Anruf aus der Direktion erhalten hatte. Minister Herold sei nach dem Schock und der OP nun so weit, dass er aussagen könne. Burghard war umgehend ins Klinikum gefahren. Zunächst sprach er mit dem für Herold zuständigen Arzt.

Dr. Gero von Langfeld hatte die Kugel aus dem Körper des Ministers noch gestern Abend der Kriminaltechnik zur Untersuchung überlassen. Das Ergebnis war, dass sie aus der Tatwaffe stammte.

„Keine Überraschung, oder?“ Der Arzt putzte seine Brille und legte sie auf den aufgeräumten Schreibtisch.

Burghard verzog seinen Mund zu einem angedeuteten Lächeln.

„Nur eines ist merkwürdig dabei, Herr Doktor. Das Labor sagt, das Projektil sei niemals auf den Körper eines Menschen oder Tieres getroffen.“

„Wie bitte?“

„Ja, Sie hören schon richtig. Ich konnte es ja auch kaum glauben. Es könne noch Abweichungen geben, aber die Verformung des Projektils stamme eventuell vom Einschlag auf Holz oder Ähnlichem. Die Ballistiker sind sich da ziemlich sicher.“

Dr. von Langfeld lachte und schüttelte den Kopf.

„Da müssen sich diese Ballistiker schon gewaltig irren. Ich persönlich entfernte die Kugel aus der Schulter. Sie ist an einem Knochen abgeprallt.“

„Schon möglich“, sagte der Kommissar nachdenklich, „aber ich kann mich auf meine Leute verlassen. Und wenn die sagen, dass ...“

„Und das Blut?“, stieg der Arzt ein. „Das Blut an dem Projektil stammt eindeutig von Minister Herold.“ Er setzte seine Brille auf und nahm eine Papierseite vom Schreibtisch. „Das werden Ihre Leute doch auch festgestellt haben. Das wäre ja eine seltsame Unterstellung, die Kugel sei nicht in einen menschlichen Körper eingedrungen.“ Dr. von Langfeld reichte Burghard das Blatt. „Hier. Das ist das OP-Protokoll.“

Der Kommissar nahm das Papier an sich und las dermaßen viele Fachausdrücke, dass er es verständnislos zurückgab.

„Schon gut. Der Unterschied zwischen Holz und Knochen ist ja nicht ganz so groß, dass man etwas eindeutig zuordnen kann. Ich verstehe es ja selbst nicht. Kann ich den Minister nun sprechen?“

„Sicher.“

Minister Herold empfing Kommissar Burghard mit einem lauten „Ah, der Herr Kommissar!“ Burghard sah, wie sich der massige Mann am Griff über dem Bett in eine aufrechtere Lage brachte. Sein schütteres, rötliches Haar stand wirr von seinem runden Schädel ab. Ringe unter seinen schräg stehenden, geröteten Augen zeugten von wenig Schlaf.

„Was kann ich für Sie tun?“

Burghard war von einer Schwester angekündigt worden. Der Kommissar erkundigte sich nach dem Befinden des Herrn Ministers.

„Danke. Sie sehen, ich bin beliebt.“ Das von zwei Beamten bewachte Einzelzimmer erstickte in einem Meer von Blumen, an denen Genesungswünsche hingen. „Die Schwestern und Pfleger kommen mit dem Bringen und wieder Entfernen der Sträuße kaum nach. Die Geschenke werden doch kontrolliert, bevor sie zu mir gebracht werden, oder?“

Der Kommissar nickte, obwohl er das nicht genau sagen konnte. Die zwei Polizeibeamten vor dem Patientenzimmer würden das bestimmt tun, erklärte er.

„Gut“, schnaubte Minister Herold. „Die Ärzte sagen sowieso, ich werde mein Amt bald wieder ausfüllen können. Ansonsten, der Schock und die Schmerzen eben.“

„Ich hätte da ein paar Fragen. Ist das recht?“

„Natürlich. Tun Sie ihre Arbeit.“

„Sie standen am Rednerpult und sprachen ins Mikrofon, als die Schüsse fielen?“

„Ich bitte Sie, Kommissar, das wissen Sie doch?“

Burghard deutete ein Stirnrunzeln an.

„Routine, Herr Minister, Sie verstehen? Also?“

„Ja, genau. Es ging um den Ausbau und die Erweiterung der Autobahn … aber, das interessiert Sie doch nicht?“

„Haben Sie gesehen, woher die Schüsse kamen?“

Minister Herold zog die wuchtigen Augenbrauen zusammen.

“Wie denn? Ich war auf mein Rede-Manuskript konzentriert. Plötzlich krachte es. Ja doch, ich sah auf, und irgendwo in den hinteren Reihen blitzte etwas auf.“

„In den hinteren Reihen?“, wiederholte Burghard, dessen Stimme leicht zu singen begann. „Könnte es noch weiter weg gewesen sein? Von über der Straße?“

„Von der Archivstraße her, meinen Sie? Da waren doch hauptsächlich Einsatzkräfte der Polizei stationiert.“

Der Kommissar notierte sich die Aussage.

„Herr Minister, könnte es so gewesen sein? Das Mündungsfeuer könnte auch von dort gekommen sein?“ Herold kniff die ansonsten recht wulstigen Lippen zu einem Schlitz zusammen. Der angestrengte Versuch, sich zu erinnern, verlieh seinem Gesicht hummerrote Flecken.

„Wahrscheinlich. Ja. Ich warf mich auf den Boden, beziehungsweise einer meiner Sicherheitsmänner zog mich auf den Boden. Als ich wieder zu mir kam, sah ich das Blut an meiner Brust. Vor Schmerz wurde mir schwarz vor Augen. Dann war ich plötzlich hier, und es war einen Tag später.“

Während des Gesprächs zollte der umfangreiche Körper des Ministers der Schwerkraft Tribut und war immer mehr in die Waagerechte gerutscht. Herold zog sich am Griff über dem Bett wieder in die Senkrechte.

Kommissar Burghard bedankte sich für die bereitwillige Aussage und kritzelte eine weitere Notiz auf seinen Notizblock. Er war kein Freund von Tablets oder Smartphones, wenn er unterwegs sein musste. Noch immer benutzte er die alte Methode mit Stift und Zettel. Für das, was er gesehen und gehört hatte, genügte ihm der Papierblock. Seine aktuelle Notiz kam ihm selbst absurd vor.

Hannover, Courtyard-Hotel. 17.07 Uhr

Julian's Terrasse am Courtyard-Hotel, die zum gleichnamigen Restaurant&Bar gehörte, bot einen schönen Blick über den Maschsee. Dem See sah man von hier aus kaum an, dass er in den Dreißigerjahren künstlich angelegt worden war. Dichter Baumbestand säumte die Ufer. Ein Zipfel des Dachs von Hannovers Fußballstadion war hinter den Bäumen gerade noch auszumachen.

Martina Lehnkamp rückte Antje den Stuhl zurecht. Michael Warthens beobachtete sie, wie sie kurze, sorgenvolle Blicke auf ihre Freundin mit dem Down-Syndrom warf. Pechschwarze, glatte Haare bis zu den Schultern rahmten das sympathische Gesicht der jungen Frau. Antje Lüders dagegen schaute mit finsterer Miene auf den Boden, bis sich Martina ebenfalls setzte.

Der Kellner war sofort bei ihnen. Martina hätte am liebsten einen Cocktail von der Bar genossen, bestellte aber doch ein schlichtes Mineralwasser. Antje wollte erst gar nichts, entschied sich dann für eine Cola, und Michael hatte bereits ein alkoholfreies Pils vor sich stehen.

Bis die Getränke für die Damen serviert wurden, stellte sich Michael noch einmal persönlich vor.

Martina kniff ihre Augen zusammen und musterte Michael ungeniert. Ja, ihre Cousine Conny in Bayern hatte keinen schlechten Geschmack. Für sein Alter wirkte Michael, als besäße er jugendlichen Charme, und kam sehr gepflegt daher. Leger, aber mit manikürten Fingernägeln und korrekter Kurzhaarfrisur. Die Geheimratsecken sahen nicht wirklich aus, als würden sie bald weiter nach oben wandern.

„Haben Sie schon was herausbekommen?“, fragte Martina, nachdem alle ihre Getränke vor sich stehen hatten.

Michael zuckte mit den Schultern.

„Ich war bei Kommissar Burghard. Er will meinen Klienten wegen dessen Auftraggeber interviewen. Ich denke, der Mann glaubt nicht, dass Herr Lukas, also Caruso, der wahre Täter ist.“

„Wieso glauben Sie das?“

Michael warf einen ausgiebigen Blick über den See.

„Weil Burghard wörtlich gesagt hat, dass an meiner – oder besser meines Klienten Vermutung schwer etwas dran ist. Außer, dass er mir glaubte, weiß ich wiederum nicht, ob er Indizien oder Fakten dafür hat. Muss er aber, sonst wäre er nicht so interessiert an einer Vernehmung von … meines Klienten.“

Antje schlürfte ihre Cola mit dem Strohhalm und rülpste danach ungeniert.

Martina entschuldigte sich bei Michael.

„Macht doch nichts“, beruhigte Michael sie, „und Sie, Antje? Wie geht es Ihnen?“

So plötzlich angesprochen fuhr Antje zusammen. Beinahe hätte sie den Rest der Cola über ihr ärmelloses Sommerkleid geschüttet.

„Nicht gut“, antwortete sie.

Martina sprang ein.

„Caruso fehlt ihr. Nicht wahr, Antje?“

„Sie waren dabei, Antje, als das Attentat verübt wurde“, stellte Michael fest. „Das stand in den Online-Berichten, dass ein Mädchen Zeuge gewesen sein soll. Ich sehe aber hier kein Mädchen.“ Er schaute sich albern um. „Nur junge, hübsche Frauen.“

Antje lächelte tatsächlich lange und sah Michael mit großen Augen an.

„Danke“, ließ Martina verlauten. Auch sie schmunzelte, dankbar für den lockeren, netten Moment. So etwas vermisste sie seit Mittwochmittag.

Der Augenblick verflog so schnell, wie er gekommen war.

„Und wie soll es jetzt weitergehen?“ Martina nahm einen Schluck vom Mineralwasser und schaute über den Glasrand zu Michael.

„Mein Klient in Rosenheim erhielt einen Brief, wahrscheinlich von den Leuten, die ihn zum Mord anstiften wollten. Leider konnte er ihn noch nicht in Besitz nehmen. Aber wenn er seine Aussage macht und den Mann von Lissabon beschreibt, wird die Polizei einen Schritt weiter sein. Ich selbst muss mal an den Tatort hier in Hannover, um mir ein Bild zu machen. Vielleicht fällt mir ja was auf, etwas, das die Polizei übersehen hat. Deswegen brauche ich Sie hier, Martina – darf ich doch sagen, oder?“

Martina nickte.

Michael fuhr fort: „Und Sie auch, Antje. Haben Sie der Polizei schon alles erzählt?“

Antje bejahte.

„Ich hab gesehen, wie der Mann unter den Sitz gegriffen hat, und ...“

Michael unterbrach sie sanft.

„Antje, das haben Sie sicher alles dem Kommissar erzählt. Hat er auch danach gefragt, was Sie gehört haben?“

Antje schüttelte den Kopf.

„Und? Haben Sie was gehört, was nicht normal war, während oder nach dem Anschlag?“

„Caruso hat nichts gemacht“, klagte Antje zum tausendsten Mal, „aber ich hab gehört, dass es dreimal gekracht hat. Dann sind viele Leute an uns vorbeigelaufen, und einer hat mit Caruso geredet. Dann hat die Polizei ...“

Die Erinnerung ließ Antje aufschluchzen.

„Schon gut“, sagte Michael ruhig. Sein Handy klingelte.

„Warthens.“

Es war Burghard.

„Warthens, wo waren Sie heute Mittag gegen dreizehn Uhr?“

„Oh, äh. Im Hotel.“

„Irgendwelche Zeugen?“

„Die Keycard können Sie auslesen, wann ich ins Zimmer gekommen und gegangen bin. Und telefoniert hab ich. Die Handydaten mit meinem Bewegungsprofil können Sie gerne auswerten. Wieso brauche ich ein Alibi?“

„Kommen Sie ins ZKD, möglichst gleich." Burghard hörte sich nicht unbedingt streng an, eher bittend.

Im nächsten Moment drangen Stimmen von der Bar heraus ins Freie. Vier Männer stürmten auf die Terrasse. Bis sie begriffen hatte, was passiert, wurde Martina in die Zange genommen, Ausweise gezeigt, Handschellen klickten.

„Moment mal!", protestierte Michael. „So geht das aber nicht! Mit welcher Begründung nehmen Sie Frau Lehnkamp fest?"

„Das geht Sie nichts an!", raunzte ein langer, dünner Kerl. „Das ist eine Sache der inneren Sicherheit."

Antje heulte auf.

Martina wehrte sich nicht sinnlos, während sie hinter die Glastüren ins Restaurant gezerrt und auf der Straße in ein Fahrzeug gesetzt wurde.

Michael wusste, dies waren keine gewöhnlichen Polizisten.

Wahrscheinlich waren die Herren dem Bundesministerium für Verfassungsschutz zugeteilt. Ob Burghard, der dem Landeskriminalamt unterstellt war, davon wusste?

Erstmal musste er sich um Antje kümmern.

Lisboa, Aeroporto Humberto Delgado. 14.30 Uhr Ortszeit

Das war alles so schnell gegangen, dass er kaum Zeit zum Überlegen hatte. Nun fand sich der Mann mit den Handfesseln zwischen zwei Begleitern in der TAP-Maschine wieder, die pünktlich nach Deutschland abheben würde.

Die drei saßen im hinteren, rechten Teil der Kabine, nur durch einen grauen Vorhang von den übrigen Passagieren getrennt. Die Durchsagen auf Portugiesisch, Englisch und Deutsch zur Sicherheit an Bord und die üblichen Notfallunterweisungen waren beim Anrollen zur Startbahn erfolgt.

In ihm arbeiteten die Hirnzellen, die auf Flucht programmiert waren, ebenso wie die Turbinen draußen an den Tragflächen auf Hochtouren. Ob er den Zwischenstopp in Frankfurt gegen achtzehn Uhr fünfundvierzig nutzen sollte, um sich abzusetzen? Die zwei Kletten links und rechts von ihm redeten nur das Nötigste, kümmerten sich ansonsten keinen Dreck um ihn. Die beiden Sicherheitsbeamten sollten ihn nach dem Weiterflug von Frankfurt nach Hannover Langenhagen einem Team des Kriminalamts übergeben. Dann würde es auf 23 Uhr zugehen. Nacht. Was weiter mit ihm passieren sollte, stand in den Sternen.

Der Schub presste ihn in den Sitz. Wie immer spürte er dieses leichte Kitzeln im Bauch, wenn die Maschine den sicheren Asphalt verließ und steil in den Himmel stieg.

Lissabon. Die Häuser dort unten, die Altstadt Alfama, die Tejomündung und die Vasco da Gama-Brücke nach der ersten Schleife, die der Pilot brauchte, um den richtigen Kurs einzuschlagen, verschwanden aus seinem Blick. Nach Deutschland. Was wollten sie von ihm? Ihm würde nichts vorzuwerfen sein. Er hatte von öffentlichen Fernsprechern in den Correios, den Postämtern in Lissabon und auch von Alcochete aus, dem Ort am Südufer der Tejomündung mit seinen Leuten telefoniert. Die Zeiten waren unregelmäßig gewählt. Für den Anschlag in Hannover besaß er das Alibi des Jahrhunderts.

Außer, dieser Ex-Bulle hatte sich erdreistet und bei der Polizei irgendetwas über ihn erwähnt, was sie misstrauisch werden ließ. Aber das glaubte er weniger, wenn Robert Robeus seine Nachricht erhalten hatte. Er grinste und lehnte sich zurück. Nein. Ihm konnte nichts passieren. Niemals.

ZKD Hannover, Vernehmungsraum. 17.41 Uhr

Kommissar Burghard hatte Caruso zwischen halb fünf und fünf einen Besuch abgestattet und ihn mit den Fotos der Leiche vom Maschsee konfrontiert. Caruso hatte gallig gemeint, dass er ein sicheres Alibi habe, falls man ihm das auch noch in die Schuhe schieben wollte. Er sah sich die Aufnahmen genau an. Die geschlitzte Jeans, das wächserne Gesicht des Toten. Ja, das sei der Mann, der kurz nach dem Anschlag an seinem Lastwagen angehalten hatte. Der Kommissar solle die Fotos doch auch Antje Lüders zeigen.

Danach hatte Burghard sich zufrieden auf den Weg zum Verhörraum des ZKD in der Polizeidirektion gemacht.

Michael hatte Antje auf sein Zimmer gebracht und beruhigend auf sie eingeredet. Er wusste nicht, inwieweit er sie alleine lassen konnte, oder wie lange. Sie machte einen, für ihre Verhältnisse, vernünftigen Eindruck. Der Schreck über Martinas Verhaftung saß auch Michael in den Gliedern. Was würde erst in der unglaublich gefühlsbetont ausgerichteten jungen Frau vorgehen? Doch was blieb ihm übrig? Sie mitnehmen zu Burghard? Er musste riskieren, Antje zu vertrauen, obwohl er sie kaum kannte.

Nun saß er erneut dem glatzköpfigen Kommissar gegenüber, nur nicht in dessen Schlamper-Büro, sondern im sehr aufgeräumten Verhörzimmer.

Der Kommissar schaltete das Aufnahmegerät ein und nannte die üblichen Daten. Zwei Kameras an der Decke begannen wie intakte Feuermelder mit roten Punkten gemächlich zu blinken. Sie zeichneten auf.

„Warum bin ich hier?“, kam Michael dem Kommissar zuvor.

Der schaute ihm lange in die Augen, blinzelte anschließend, als wäre er zufrieden mit dem, was er sah und antwortete: „Weil Sie in Hannover sind. Ich weiß, wie das klingt. Aber Sie sind heute Morgen angekommen, und heute Mittag wurde ein Mann am Ufer des Maschsees ermordet aufgefunden."

„Was? Und ich soll …?"

Burghard beschwichtigte: „Wir müssen allen Verdachtsmomenten nachgehen. Sie, als Detektiv, der in Rosenheim lange mit der Polizei zusammengearbeitet hat, werden das verstehen, nicht wahr."

Michael lehnte sich etwas entspannter als kurz davor zurück.

„Zusammenarbeit? Wenn Sie so wollen."

„Ich habe natürlich Erkundigungen über Sie eingezogen."

Michael lächelte schräg.

„Sie haben mich ermittlungstechnisch überprüft, meinen Sie?"

„Ich zitiere Sie: wenn Sie so wollen." Grinste Burghard? Wohl doch nicht. „Kommissarin Kilian war sehr auskunftsfreudig."

Michael erinnerte sich nicht einmal ungern an die sportliche Kommissarin, die KHK Obermeier als Leiterin der Rosenheimer Mordkommission abgelöst hatte.

„Ja, die Kilian", schnaufte er auf, „und trotzdem verdächtigen Sie mich?"

„Quatsch. Ich musste Sie das fragen. Der Tote hatte wahrscheinlich etwas mit dem Anschlag auf Minister Herold zu tun. Und Sie interessieren sich sehr für diesen Fall. Ihre Handydaten und die Keycard fürs Hotelzimmer werden gerade überprüft." Michael hatte wie üblich vorab die Taschen leeren und sein Handy einem Beamten übergeben müssen.

„Brauchen Sie dazu nicht einen richterlichen Beschluss?"

„Für diesen Fall", ließ Burghard Michael wissen, „und für alle Handys jedes Verdächtigen bekamen wir den sofort." Michael war also aus dem Schneider. Die Überprüfung konnte sein Alibi nur bestätigen.

„Und warum wollten Sie mich sprechen?"

„Es ergaben sich neue, erstaunliche Anhaltspunkte. Ihr Klient scheint die Wahrheit gesagt zu haben. Soeben ist ein Mitarbeiter der Deutschen Botschaft in Lissabon unterwegs zu uns. Ihm gehört die Tatwaffe des Attentats."

Michael fiel fast vom Stuhl.

„Was?" Alles in seinem Kopf purzelte plötzlich durcheinander. „Wenn das der ist, der R… meinen Klienten anheuern wollte!"

„Wir brauchen seine Beschreibung, das wissen Sie, Warthens!"

„Kann man eine Gegenüberstellung organisieren?"

Burghard zog die Mundwinkel Richtung Erdmittelpunkt.

„Sie, oder besser Ihr Klient, will das ja nicht."

„Es gibt Fotos und Tablets und Smartphones", schlug Michael erneut vor.

„Gut", stimmte Burghard zu, „wir erwarten den Mann gegen Mitternacht. Dann sehen wir weiter. Er muss erst vernommen werden."

Damit hatte Michael keine Probleme.

„Ich bleibe so lange wach", sagte er schmunzelnd. „Und nun zu meinen Fragen …"

„Hallo", protestierte Burghard kraftlos, „ich stelle hier die Fragen!"

„Ich weiß." Michael schlug einen ernsten Ton an. „Ich möchte wissen, warum Sie Frau Lehnkamp festnehmen ließen?"

Jetzt war es an Burghard, überrascht zu sein.

„Wie bitte? Frau Lehnkamp, Martina Lehnkamp? Wir hatten doch gestern bereits in der Polizeiinspektion Mitte von ihrer Festnahme abgesehen. Ich weiß weder von einem neuen Haftbefehl gegen sie, noch dass irgendwer angeordnet hätte, sie festzunehmen! Da muss ein Irrtum vorliegen."

Michael klärte den Kommissar auf, dass Martina von Beamten des Verfassungsschutzes festgesetzt wurde.

„Verdammt!", entschlüpfte es Ole Burghard. „Die rumoren schon den ganzen Tag über in den Reihen von diesen SchwertFisch-Leuten. Die nehmen einige fest, die nicht ganz koscher sind. Aber doch nicht Frau Lehnkamp!"

Dermaßen emotional hatte Michael den Kommissar nicht eingeschätzt.

„Dann wird es Zeit", sagte er deutlich, „dass wir endlich den wahren Attentäter finden!"

„Wir?", staunte Burghard.

„Sie, ich und mein Klient."

„Verflucht nochmal, wie heißt der?", ging Burghard aus sich heraus. „Sagen Sie's schon, sonst sind Sie keine große Hilfe!"

Michael räusperte sich und sah in eine der Kameras. Würde es richtig sein, Robert zu benennen?

„Später", vertröstete er den Kommissar, „ich habe einen Gast im Hotel, und den möchte ich nicht länger alleine lassen."

Frankfurt, Luftraum Flughafen/Main. 18.33 Uhr

Flug TP7373 von Lissabon Airport nach Frankfurt/Main schwebte auf die Landebahn zu.

Der Druck auf seine Ohren war unerträglich geworden. Seit die Maschine über Deutschland düste, hatte es immer wieder heftige Turbulenzen gegeben. Nach dem Einleiten des Sinkflugs hatte das Rütteln einigermaßen aufgehört, dafür stieg der Druck auf seine Trommelfelle. Er konnte sich kaum konzentrieren. Wie sollte er sonst den beiden Wachhunden entkommen, die obendrein beide einen Kopf größer als er und kräftig gebaut waren? Seinen weder konkreten noch aussichtsreichen Fluchtplan verwarf er schnell wieder. Es wäre völliger Unsinn gewesen abzuhauen. Noch war er nur verdächtig, weil mit seiner „gestohlenen" Waffe ein Attentat verübt worden war. Sein Dienstherr und die Sicherheitsbehörden sahen das anders, wenn er seine Lage in Betracht zog. Den „Irrtum" würde er schon aufklären. Den Reflex zu fliehen musste er auch künftig unbedingt unterdrücken. Warum sollte er sich schuldig bekennen, indem er, ein Staatsdiener, der Staatsgewalt davonlief?

Natürlich gab es einen Unsicherheitsfaktor: Robert Robeus. Seine Nummer Zwei, Ludger, hatte den Brief im Laden des Blödmanns abgegeben. Er war sicher, dass sich Robeus das Schreiben reingezogen und Augen gemacht hatte. Der würde nichts sagen können, ohne sich selbst zu schaden.

Was die andere Sache betraf, das hatten Nummer Drei und Vier erledigt. Jetzt mussten nur noch die Statisten das Maul halten. Er selbst war schließlich das Opfer eines Waffenraubs geworden. Er hatte das ausbaden müssen, in dieser drögen Botschaft in Lissabon. Wenigstens waren die Stadt und die Verpflegung okay gewesen.

Das Flugzeug schaukelte leicht hin und her, er sah nach rechts. Frankfurt Tower raste vorbei. Waren sie zu schnell? Ihm wurde gleich schlecht. Er hatte Handschellen an den Gelenken. Was, wenn der Pilot eine Bruchlandung hinlegen würde? Und wenn schon, dann würde er garantiert nicht auffliegen. Hin- und hergerissen zwischen Angst und Herumalbern über das skurrile Wortspiel, machte er sich fast in die Hose.

Außer dem gottserbärmlichen Geschrei eines Babys herrschte in der Kabine Totenstille.

HANNOVER. 18.43 UHR

Kommissar Burghards Gesicht lief puterrot an. Caruso war soeben dem Bundesamt für Verfassungsschutz überstellt worden. Die innere Sicherheit sei durch ihn und seine Organisation gefährdet. Zwar hatte der Kommissar sofort telefonisch protestiert, dass aufgrund bloßer Verdachtsmomente diese Maßnahme – und auch die Verhaftung Martina Lehnkamps — völlig überzogen sei. Er und seine Mitarbeiter besaßen jedoch keine weitere Verfügungsgewalt in dem Fall. Einzig die Mordermittlung in der Sache Maschseeleiche blieb — noch — in Händen des ZKD. Burghard fürchtete, dem BfV bald selbst Rede und Antwort stehen müssen. Die Akten und Ermittlungsergebnisse waren bereits in deren Händen.

Na gut, sagte sich Burghard, dann werden die selbst sehen, dass die Sache gewaltig stinkt. Nach all den Indizien, die sich nach dem Fund der Leiche am See und Hinweisen von Michael Warthens ergaben, zweifelte Burghard an der Schuld von Marius Lukas, wie er es selbst nicht für möglich gehalten hätte. Nur: was lief da ab?

Der Mann aus dem Maschsee hatte das Attentat verübt, das lag auf der Hand. Der Baumwollhandschuh, an dem vor einer Stunde trotz des Wassers noch Schmauchspuren entdeckt wurden. Carusos Aussagen über die Jeans, sowie Antje Lüders' glaubhafte Beobachtungen – warum war er dann jetzt tot?

Natürlich mussten die Untersuchungsergebnisse des Toten und dessen Verbindung mit dem Attentat weitergeleitet werden. Morgen. Noch waren die Analysen nicht abgeschlossen.

Der Kommissar besaß einen entscheidenden Vorsprung vor dem Verfassungsschutz. Er hatte den Minister gesprochen. Er wusste, wer das Attentat verübt hatte, und er war auf dem Weg ins Courtyard-Hotel zu Michael Warthens, mit dem er nun einen anderen Weg der Ermittlungen einzuschlagen gedachte.

Michael staunte nicht schlecht beim Anblick des Kommissars an seiner Zimmertür.

„Oh, wollen Sie mich festnehmen?"

Der leidliche Scherz kam nicht gut an.

„Warthens, gab es heute nicht schon genug Festnahmen?", zischelte Burghard zwischen den Zähnen. „Ich muss Sie sprechen."

Michael bat ihn herein.

Antje lag auf dem Beistellsofa des Zimmers und sah fern.

„Mach bitte leiser", bat Michael sie. Sie hatten sich auf das Du geeinigt.

Antje schaltete das Gerät ganz aus und setzte sich auf.

Burghard nickte ihr zu.

„Tach, Frau Lüders."

„Guten Abend, Herr Polizist."

Michael schlug vor, doch in die Bar hinunter zu gehen, aber der Kommissar lehnte ab.

„Hier ist es besser, glauben Sie mir."

Nachdem sie sich an den winzigen Tisch gesetzt hatten, kam Burghard schnell zur Sache.

„Wir brauchen die Aussage Ihres Mandanten – oder Klienten, wie auch immer. Bevor Herr Lukas unseren Ermittlungen entzogen wurde …"

Michael unterbrach ihn ungern.

„Caruso? Wie jetzt, entzogen?"

„Der Verfassungsschutz übernimmt ab sofort. Wir vom ZKD sind nur noch Zuarbeiter. Aber ich bekam vorab die Daten des Mannes aus Portugal, den wir gegen Mitternacht erwarten. Ich weiß nicht, ob er zuerst uns überstellt wird, oder an uns vorbei den Bundesamt-Mitarbeitern. Jedenfalls bekam ich ein Foto von ihm. Und jetzt sind Sie dran!"

Michael ahnte, was er meinte.

„Ich versuche, meinen Klienten zu erreichen."

Sofort nahm Michael sein Smartphone in die Hand.

„Schicken Sie mir das Foto."

Burghard holte es auf sein Handy und drückte auf per E-Mail senden.

Mit Verblüffung stellte Michael fest, dass Burghard seine Mail-Adresse besaß.

„Wir speichern die Daten nur für kurze Zeit", erklärte der Kommissar, „nachdem unsere Besucher ihre Wertsachen wie ihre Smartphones vorübergehend an der Pforte abgaben."

Michael überhörte die Erklärung. Er öffnete den Anhang und stutzte. Den Lissabonner Typen hatte er sich anders ausgemalt. Finsterer, härter, böser. Über seine Vorstellung vom Aussehen von Kriminellen musste er fast schmunzeln. Er besaß doch genügend Erfahrung über Straffällige, die kaum jemals wirklich verbrecherisch daherkamen. Das Klischee von einer Art Räuber Hotzenplotz hatte sich irgendwann in sein Bewusstsein eingeprägt. Er blickte auf einen Mann Mitte Dreißig, sauber rasiert, schlank, sehr helle, blaue Augen mit offenem Blick. Seine dunklen Haare sahen lang aus und waren streng nach hinten gekämmt. Hinter seinem Ohr lugte eine Strähne hervor. Michael tippte auf ein Stück eines Zopfes oder Pferdeschwanzes. Die schmalen Lippen lächelten sympathisch in die Kamera.

Nach dem zweiten Kontakt-Versuch ging Robert ans Handy. Er atmete schwer, als wäre er gelaufen.

„Was gibt's?"

Michael erklärte ihm die Lage und fragte, ob er bereit sei, das Foto und seine Erinnerung abzugleichen.

Robert ließ lange nichts hören, bis er wie zerknirscht sagte: „Ich sage gar nichts mehr. Stellen Sie die Ermittlungen ein und schicken Sie mir die Rechnung."

Verblüfft hielt Michael sein Handy vom Ohr weg und schaute darauf, als hätte er sich verhört und müsste nachprüfen, ob er die richtige Nummer gewählt hatte. Plötzlich ahnte er: „Robert, haben Sie den Brief erhalten?"

Michael hörte Robert atmen, bis sein Klient ohne ein weiteres Wort auflegte.

„Er will nicht", unterrichtete er den Kommissar mit einem Gesicht, als hätte man ihm soeben vor seinen Augen sein Auto geklaut. „Aber ich glaube, er kann es auch nicht."

„Mist!", stieß Burghard aus.

Rosenheim. 18.44 Uhr

Der Brunnen hinter dem Turm der Nikolauskirche plätscherte gleichmäßig. Roberts Mitarbeiterin Steffi übergab ihm den ominösen Brief, den der Kerl in der Lederjacke im Laden gelassen hatte.

„Was ist nur mit dir?“, sorgte sich Steffi. „Warum versteckst du dich, meine Güte?“

Seit kurzem waren sie per Du. Steffi Leitner war seit der Gründung von Ro-Si im Laden – und seine loyalste Angestellte.

„Ich kann dir nichts sagen“, entschuldigte sich Robert, „außer, dass ich in Gefahr bin. Der Typ, der dir den Brief übergeben hat, wie sah der aus?“

Steffi beschrieb ihn und fügte hinzu: „Und ziemlich unflätig war der.“

„Ein Rüpel. Kann ich mir denken“, schob Robert nach. „Steffi, bitte erzähl niemand von dem Brief. Und sag nicht, dass du mich getroffen hast.“

„Aber ...“

„Nein, kein Aber! Ich habe eine ganz gut getarnte Unterkunft. Mir passiert schon nichts. Ich muss nur vorsichtig sein.“

„Was ist in Portugal passiert, Robert?“ Steffi ließ nicht locker. „Warum bist du überhaupt dort hin?“

„Okay, weil du's bist: Ich erhielt einen Brief, tatsächlich mit der Post, keine Online-Anfrage oder Nachricht auf unserer Firmenseite. Ich dachte zuerst, Blödsinn, warum kann mir der Mann nicht telefonisch oder per Mail mitteilen, was er will. Du weißt, ich würde mir gerne die Yacht in Prien kaufen, über den Chiemsee schippern, oder sie nach Nizza bringen und ... egal. Das, was er mir damals für einen sogenannten Safety-Course für seine angeblichen Mitarbeiter in Lissabon geboten hat, hörte sich verlockend an. Die Yacht wäre nicht länger in Prien geblieben, dachte ich. Und ein Kurzurlaub in Portugal, wo ich immer schon mal hin wollte, sprang auch noch dabei heraus. Dann ließ der Typ die Maske fallen und offerierte mir, dass etwas völlig anderes dahintersteckte. Der Auftrag sollte hier in Rosenheim stattfinden. Lissabon diente als Tarnung, um Spuren zu verwischen. Mehr kann ich dir wirklich nicht verraten, Steffi. Und danke, dass du den anderen nichts sagst."

„Ich muss sowieso wieder zurück. Eine neue Kundin hat sich angesagt. Herr Sersky sagte ab, und eine Frau Cornelia Linden, die sich gestern erstmals angemeldet hat, ist eingesprungen."

„Wenigstens läuft das", lächelte Robert ironisch.

Steffi legte ihm die Hand auf die Schulter.

„Ich muss …"

„Mach's gut. Danke."

Gehetzt verschwand Steffi durch die Passage zum Max-Josefs-Platz. Robert schaute ihr mit mulmigem Gefühl nach. Sah er sie nie wieder? Schnell fing er sich wieder und schüttelte den melodramatischen Gedanken fort. Er starrte auf den Umschlag. Ein paar Passanten hasteten vorbei. Robert konnte kaum erwarten, den Brief zu öffnen. Er lehnte sich an die Mauer hinter dem Brunnen und riss das Kuvert auf.

Er überflog die Zeilen, las sie ein zweites Mal, bis ihm klar wurde, was sie bedeuteten. Ob Wahrheit, oder nicht, er war zurecht untergetaucht. Ob er jemals wieder ein normales Leben führen konnte? Der Klingelton seines Prepaid-Handys riss ihn zurück in die Gegenwart. Michael! Er ließ es klingeln, bis es Ruhe gab. Was sollte er tun? Beim zweiten Mal ging er ran.

„Was gibt's?"

Frankfurt-Airport. 18.45 Uhr

Löschfahrzeuge rückten an. Die Rutsche am Notausgang war aufgepoppt wie ein riesiges Schlauchboot. Die meisten Passagiere verhielten sich ruhig und diszipliniert. Die Mutter mit dem plärrenden Baby durfte als Erste rutschen. Zwei Sanitäter nahmen die beiden am Fuß der Rutsche in Empfang. Nacheinander verließen die anderen Passagiere die in Schräglage geratene Kabine über die Rutsche. Die drei hinter dem Vorhang würden die letzten sein.

Der Mann in der Mitte schaute in Panik zu seinem linken Bewacher, dann zum rechten. Ob sie ihm nicht, jetzt aber mal bitteschön, die Handschellen abnehmen könnten. Was, wenn die ganze Kiste zu brennen anfing?

Schon während des wackeligen Anflugs war ihm schlecht geworden. Die Maschine hatte aufgesetzt und zu schlingern begonnen, sich gedreht, war nach rechts gekippt und mit auf der Landebahn schleifenden Tragfläche weitergerast, bis sie im angrenzenden Feld zum Stehen gekommen war.

Er hielt seinen Begleitern die gefesselten Handgelenke hin. Sie wüssten doch, dass er nur zur Vernehmung überführt wurde. Die Fesseln seien komplett übertrieben. Und jetzt brauche er seine Hände, um sich durch die schrägliegende Kabine zum Notausgang zu hangeln.

Die beiden Herren sahen sich über ihn hinweg an. Der linke nickte. Der rechte sah zur Decke, dann hinaus zur Tragfläche, deren Ende sich tief ins Gras gefräst hatte. Flammen schlugen aus einem der Triebwerke. Noch konnten sie der Schaumkanonade widerstehen.

Die Handschellen klickten beim Öffnen. Er rieb sich die Handgelenke. Endlich war er frei. Und nun: Raus hier!

Hannover, Courtyard-Hotel 18.47 Uhr

„Und was machen wir jetzt?“ Michael hätte nie damit gerechnet, dass Robert plötzlich absprang. Sein Klient, oder ab sofort Ex-Klient, hätte den Status eines Kronzeugen gehabt.

Kommissar Burghard kniff die Lippen zusammen.

„Einen Moment noch.“

Verbissen suchte er etwas auf seinem Smartphone, fand es schließlich und hielt Antje das leuchtende Display vor die Nase.

„Ist das der Mann, der an Ihrem Auto war, nachdem es dreimal gekracht hat, wie Sie so schön formulierten?“

Erschreckt wich Antje ein Stück zurück.

„Ist der Mann tot?“, fragte sie besorgt.

Burghard nickte.

„Ja“, bestätigte Antje, „der hat Caruso die Hand gegeben. Hat gesagt, was passiert ist, dann hat er Caruso die eine Hand gegeben, und mit der anderen hat er unter den Sitz gefasst.“ Burghard tippte das Foto weg.

„Sehen Sie“, sagte er zufrieden zu Michael, „das sind Zeugen, mit denen wir was anfangen können. Ihr Herr Klient dagegen zieht den Schwanz ein.“

Michael trommelte mit den Fingern auf den Tisch.

„Erst wollte er ja — und Ihr Mann aus Portugal ist ja auch erst unterwegs.“

„Na schön!“ Der Kommissar begnügte sich nicht mit Fingertrommeln auf der Tischplatte, um seinen Ärger abzureagieren. Scheppernd schlug er mit der Faust aufs Holz, dass Antje zurückzuckte und ihn ängstlich ansah. „Nennen Sie endlich Ihren Mann in Rosenheim, damit ich ihn zur Fahndung rausgeben kann!“

Nur kurz überlegte Michael. Hatte er eine Wahl? Er selbst hatte sich an die Polizei gewandt. Und Robert legte ihm gerade ein böses Ei. Er gab auf

Sofort griff Kommissar Burghard zum Telefon und leitete die Fahndungsausschreibung ein.

„Die Kollegen in Rosenheim werden umgehend verständigt. Haben Sie ein Foto von diesem Robeus, Warthens?“ Michael verneinte.

„Aber sehen Sie sich die Webseite seiner Firma an. Da finden Sie seine Adresse. Ein Foto von ihm müsste dort zu finden sein.“

Kurz darauf verabschiedete sich der Kommissar.

Laut einer Mail vom ZKD sollte er heute noch den Polizeipräsidenten vom Fortschritt der Ermittlungen unterrichten.

Das Team vom ZKD arbeitete seit dem Fund der Maschseeleiche an deren Identifizierung. Datenabgleichungen hatten zunächst keine Treffer ergeben. Doch eine Übereinstimmung mit dem Abdruck des rechten Mittelfingers ließ die Beamten triumphieren. Der junge Mann war zwei Jahre zuvor an der Leibniz-Universität in einen Drogendeal verwickelt gewesen. Wenn es sich nicht um Crystal Meth gehandelt hätte, wäre die Angelegenheit als harmlos zu bezeichnen gewesen. So aber blinkte in der Suchmaschine der Name Thomas Eilenburg samt Daten und Vergehen auf. Mehr als das Drogengeschäft, bei dem er der Verkäufer war, fand sich nicht auf der Straftatenliste. Für Kommissar Burghard stand zweifelsohne fest, dass er sich nur nicht wieder erwischen hatte lassen. War das Motiv für den Mord an Thomas Eilenburg, 25 Jahre, Student, im Drogenmilieu zu suchen?

„Klaus“, rief er einen Mitarbeiter, „check mal, ob Eilenburg bei Schwert-Fisch Mitglied war.“

„Sabine und Drago sind schon unterwegs zu seinem Apartment. Er wohnte nicht im Studentenwohnheim. Ich sag ihnen, sie sollen nach Hinweisen auf Schwert-Fisch suchen.“

Burghard sah zur Uhr, einer Art Bahnhofsuhr an der Stirnseite des Großraumbüros. 19.17 Uhr. Für halb acht hatte er das gesamte Team zur Lagebesprechung einberufen. Unterhalb der Uhr unterhielten sich aufgeregt Kommissaranwärterin Mara Ulic und Polizeiobermeister Friedrich Öswald, den alle im Team wegen seines Dienstgrads POM und seines Vornamens POM-Fritz nannten. Beide schauten auf das Display eines Tablets.

„Mann, die haben so was von Schwein gehabt."

„Ja", nickte Mara stirnrunzelnd. „Aber die Ursache steht noch nicht fest. Und sieh mal, es gab doch Verletzte. Prellungen und Platzwunden."

Burghard mischte sich ein: „Was gibt's denn da zu sehen?"

„Eine Maschine aus Portugal ist in Frankfurt havariert. Zum Glück nicht viel passiert. Der Flughafenbetrieb ist aber vorübergehend eingestellt."

„Mist!"

Sofort sah Burghard nach der Meldung vom BKA, mit welcher Maschine der Zeuge aus Lissabon eintreffen sollte.

Na klar. Volltreffer!

Rosenheim, bei RoSi. 19.30 Uhr

Der Schweiß rann Conny Linden in den Nacken. Ihre rotblonden Haare klebten dort auf der Haut. Sie fürchtete, ihre Sommersprossen würden sich bald abschälen. Das Training mit Stefanie Leitner hatte sie sich leichter vorgestellt. Die Brüllattacken am Anfang hatte sie ja noch ganz lustig gefunden. Unter Umständen half es ja wirklich, jemanden anzuschreien und „Stopp" zu rufen, wenn man angegangen wurde. Leichtes Aufwärmtraining war gefolgt, aber seit zehn Minuten trainierte sie Abwehrschläge an einem Sandsack. Jetzt war sie so außer Atem, dass sie sich nicht einmal mehr vorstellen konnte, dieser Sack sei ein fieser Typ. Als esoterische Beraterin hatte sie selten Gelegenheit, sich sportlich auszutoben.

Obwohl das nach Bertis Einsatz nicht mehr nötig gewesen wäre, nahm sie die Stunde wahr. Wer wusste schon, mit welchen fremden Menschen sie zukünftig Kontakt haben würde. Und ja, sie ging oft spät abends zu Fuß von Kundenbesuchen nach Hause – und bezahlen wollte Michael. Der Sack bekam einen kräftigen Handkantenschlag, begleitet von einem weiblichen Urschrei.

Steffi klatschte Beifall.

„Na, Conny, du hängst dich aber rein."

Conny hätte sich gewundert, wenn sie hier alle nicht du zueinander gesagt hätten.

„Danke, Steffi." Conny ließ die Arme sinken. „War's das jetzt?"

Steffi machte „hm".

„Ein Getränk ist im Preis der Stunde inbegriffen. Dusch dich erstmal da hinten, und dann lassen wir's die letzten zehn Minuten locker angehen. Okay?"

Heilfroh nahm Conny ihr Handtuch und verschwand im Duschraum. Ohne Verteidigungsbewusstsein würde sie nie mehr auf die Straße gehen. Das hatte die Stunde bewirkt. Und dass sie jetzt Griffe kannte, die einen Angreifer buchstäblich in die Flucht schlagen würden, machte sie ein gutes Stück selbstsicherer.

Die Dusche tat ihr gut. Kurz darauf traf sie Steffi an der kleinen Bar in der Ecke des Trainingsraums und schlürfte einen Energiecocktail.

„Ist ja fast wie im Fitness-Studio“, stellte sie fest und schaute sich um.

Steffi lächelte nachsichtig.

„Aber nur fast. Unsere Philosophie ist eine ganz andere.“

„Oh ja“, lachte Conny, „eine ziemlich schlagkräftige Philosophie.“

„Das ist ja nur die halbe Ausbildung. Am Anfang haben wir doch ein paar Bewusstseinsübungen gemacht. Psychologie spielt eine große Rolle im Umgang mit aggressiven Leuten. Was machst du eigentlich beruflich, Conny?“

Steffi saugte an ihrem Strohhalm und schaute Conny mit großen, fragenden Augen an.

Ein älterer Herr in feinem Anzug betrat den großen Raum.

„Oh“, machte Steffi, „das ist mein nächster Schüler. Entschuldige mich. Du machst doch weiter, Conny, oder?“

Conny wusste es wirklich nicht.

„Okay, na dann, Conny, bis zum nächsten Mal? Wir haben auch Zehner-Abos.“

Steffi widmete sich dem Anzugträger und begleitete ihn zur Umkleidekabine.

Die Stunde war um. Conny packte ihre Trainingstasche mit den verschwitzten Sachen. Sie musste zurück durch den Laden, um hinaus ins Freie zu kommen. Bis 20 Uhr war das Geschäft geöffnet, danach wurden nur noch Trainingskunden per Klingel eingelassen.

Fabian, ein gut gebauter Mitarbeiter von RoSi, wünschte Conny einen guten Abend. In der einen Hand baumelten die Schlüssel zum Abschließen, mit der anderen hielt er Conny die Tür auf. Noch ehe sie denken konnte, wie höflich der junge Mann doch sei, stießen zwei Männer sie beinahe zur Seite. Wenigstens entschuldigte sich einer knapp.

Waren das die Typen, die Michael gemeint hatte? Sie dachte, das wäre doch erledigt. In letzter Sekunde bekam sie mit, wie einer der Männer sich laut und deutlich vorstellte: „Kriminalpolizei Rosenheim. Ich bin Leopold Bauer, und das ist mein Kollege Schneider. Ist Herr Robert Robeus zu sprechen?“

Die Tür schloss sich hinter Conny. Sie konnte nicht einschätzen, ob die beiden wirklich von der Polizei waren. Sie suchte sich eine Ecke zwischen Nikolauskirche und Ludwigsplatz, um Michael anzurufen.

Er ging rasch ran.

„Conny!“, tat er überrascht.

Sie fackelte nicht lange und erzählte, was sie gesehen und gehört hatte.

Michael ließ sein Lachen hören, das sie immer gern gehört hatte. Jetzt störte sie es gewaltig.

„Lachst du mich aus?“

„Nein, nein“, wiegelte er ab, „Leopold Bauer ist tatsächlich Polizist. Er gehörte zuletzt zum Team von Kommissar Obermeier.“

Conny kannte den nun pensionierten Miesepeter sehr wohl.

„Dann hast du mich ja doch ausgelacht“, scherzte sie erleichtert. „Aber, was machen die bei RoSi?“

Michael erklärte ihr, dass nach Robert als wichtigem Zeugen gefahndet wurde.

„Ist nur blöd, dass er sich versteckt.“

„Ich kenne ihn ja nur von der Internetseite, und im Laden hängt ein Bild von ihm mit so einer Judo-Jacke. Aber ich glaube, ich habe den kürzlich gesehen. Ich war bei einer Kundin in der Innsbrucker Straße, und da ist er aus dem Lift gekommen. Kam mir gleich bekannt vor. Du weißt ja, meine Gesichtserkennungs-Software funktioniert prima.“

„Bist du sicher?“

„Nicht ganz hundertpro, natürlich. Aber fast.“

Sie nannte ihm die Hausnummer.

„Ja, dann geh doch zurück und sag es den Kriminalern.“

„Das weiß ich selbst, mein Lieber!“

Conny eilte zurück und klingelte.

„Hast was vergessen?“, erkundigte sich Fabian.

„Kann man sagen. Sind die Herren von der Polizei noch da?“

19.31 Uhr. ZKD Hannover

Kommissar Burghards Team war vollständig angetreten. Die Bestandsaufnahme zum Fall des ermordeten Studenten Thomas Eilenburg begann pünktlich.

Selbst Dr. Geyer, der Gerichtsmediziner war in Frack und mit Fliege anwesend. Sein Bericht wurde vorgezogen, damit er noch vor 21 Uhr am Staatstheater seinen Platz einnehmen konnte. Jemand fragte, was dort auf der Bühne gerade gespielt wurde. Die Darbietungen des wahren Lebens genügten ihm, warf der Kommissar ein.

„Der Tote weist zwischen dem sechsten und siebten Rippenbogen Einkerbungen auf“, begann Dr. Geyer, „die auf den kräftigen Stich mit einem zweischneidigen Messer hinweisen, Klingenlänge zirka zwanzig Zentimeter. Der Stichkanal zeigt aufwärts und geht direkt ins Herz. Der Todeszeitpunkt liegt zwischen 12 Uhr 30 und 13 Uhr 30. Eine genauere Eingrenzung ist wegen der unterschiedlichen Temperaturen der Medien, denen der Körper ausgesetzt war, nur bedingt möglich. Über die Länge der jeweiligen Zeiten im Wasser und an Land kann ich nur spekulieren, wäre also irrelevant. Ertrunken ist er jedenfalls nicht. Er war tot, als er mit Wasser in Berührung kam.“

„Gibt es sonst noch Spuren von Gewaltanwendung?“, wollte Kommissar Burghard wissen. „Kampfspuren oder von Abwehrbemühungen?“

Dr. Geyer verneinte.

Mara Ulic meinte: „Es sieht doch so aus, als kannte der Mann seinen Mörder. Der Stich kam von vorn, und er hat sich nicht gewehrt.“

„Möglich“, fand auch der Kommissar. „Gibt es Hinweise auf Alkohol oder Drogen?“

„Überhaupt keine.“

„Besondere Merkmale? Irgendwelche Tattoos? Piercings?“

Dr. Geyer runzelte die Stirn.

„Wenn, dann das, dass ausnahmsweise mal ein junger Mensch auf meinem Tisch gelandet ist, der eben kein Tattoo aufweist. Und kein Piercing. Das ist schon außergewöhnlich heutzutage."

„Danke, Dr. Geyer."

Der Arzt verabschiedete sich, aber alle sahen nur auf das Bild, das an die Wand projiziert den Toten auf dem Tisch des forensischen Pathologen zeigte.

„Gibt es Angehörige", fragte der Kommissar in die Runde, „und wenn, wurden sie verständigt?"

„Der Vater lebt in Schweden und unterstützt seinen Sohn kaum", berichtete Clara Junge, die Expertin für Online-Recherchen im Team. „Die Polizei in Göteborg wird ihn verständigen. Von der Mutter weiß man nur, dass sie nach der Scheidung von Eilenburgs Vater wieder geheiratet hat, Name noch nicht ganz klar. Keine Geschwister, keine eigenen Kinder."

Mit einem wohlwollenden Kopfnicken bedankte sich der Kommissar bei Clara und wandte sich an Konrad Keller.

„Gibt es von der Spurensicherung neue Erkenntnisse?"

Der junge Mann von der Spusi bestätigte sein erstes Gutachten vom Fundort.

„Fundort ist nicht gleich Tatort. In der näheren Umgebung fanden sich keine Blutspuren, die bei der Art der Verletzung zweifelsohne vorhanden sein müssten. Frische Reifenspuren eines größeren PKWs, vermutlich eines SUV, der dort verbotenerweise eingefahren war, könnten vom Täterfahrzeug stammen. Falls die Leiche damit an die Fundstelle gebracht wurde", fügte Keller hinzu. „Eilenburg selbst ist womöglich mit dem Bus oder einem Taxi an den See gekommen. Clara hat die Fotos von Eilenburg und die Zeiteingrenzung an die Taxi- und Busunternehmen gesendet. Ein mögliches Fahrrad Eilenburgs wurde bislang nicht gefunden. Er könnte auch mit dem Wagen gekommen sein, dessen Spuren wir untersuchen. Aber soweit wir wissen, besaß Eilenburg kein Auto. Aufgefunden wurde das Opfer von einem Taucher. Der hatte das Opfer zuvor im See unweit des Ufers gefunden, von einem Strick befreit und am Ufer abgelegt, wo es zwischenzeitlich von einem Spaziergänger entdeckt wurde."

„Von seinem Hund", berichtigte Anwärterin Mara.

Sie erntete ärgerliche Blicke. Es war spät, und niemand im Team brauchte Spitzfindigkeiten.

„Einem Labrador, ja", bestätigte Keller trotzdem. „Anschließend bargen unsere Taucher die Betonplatte aus dem See, an der das Opfer angebunden worden war. Ein rostiger Anlegering daran machte das Anbinden leicht möglich. Die Platte stammt von einer früheren Anlegestelle, die sich dort mal in den Fünfzigerjahren befand, wie Clara recherchiert hat, aber schon lange nicht mehr angefahren wird."

„Woher", meldete sich POM Friedrich Öswald, „konnten die Täter von der Platte wissen? Ich meine …"

„Schon richtig", unterbrach ihn Burghard, „denn der oder die Täter müssten wissen, dass der Wasserspiegel zwischen November und Februar ohne laufendes Pumpwerk um einen halben Meter absinkt. Mag sein, sie haben die Stelle in der Zeit mal entdeckt."

Anwärterin Mara hatte sich von ihrem Einwurf mit dem Hund und die Reaktionen darauf nicht einschüchtern lassen.

Sie hob die Hand wie in der Schule.

„Oder der oder die Täterin hat einfach wie Frau Junge im Netz nachgesehen."

„Dann müssten die aber auch wissen, dass die Leiche dort entdeckt werden kann, wenn der See sich absenkt", warf Fritz Öswald ein.

„Sehr richtig", bestätigte Burghard, „oder jemand ist sich seiner Sache sehr sicher und es wäre ihm egal. Nun haben wir das Opfer aber zeitnah im Fokus, was uns zu einer Tatsache führt, die nichts mit den von manchen von uns vermuteten Drogendelikten zu tun hat."

Plötzlich wurde es still im Großraumbüro. Burghard klickte auf ein weiteres Bild.

„Dieses Foto zeigt Baumwollhandschuhe, die in der Hosentasche des Opfers steckten. Schmauchspuren darauf sind noch keinen Tag alt, nicht wahr, Max?"

Max Unger stimmte zu.

„Es war schwierig, die Spuren zu bestimmen, da die Handschuhe im Wasser aufquollen. Aber durch die Tatsache, dass sie zusammengerollt in der Jeanstasche steckten, blieben sie in der kurzen Zeit erhalten."

KHK Burghard wurde lauter und sprach mit vibrierender Stimme: „Ein Zeuge und eine Zeugin sagten noch vor dem Fund der Leiche aus, ein Mann in der Nähe des Neustädter Markts sei im Besitz von weißen Handschuhen gewesen. Ein Mann, dessen Jeans am rechten Knie …“ Er klickte zu einer Abbildung mit den Beinen des Toten weiter. „… einen Querriss aufweist. Dieser Mann hat laut Zeugen große Ähnlichkeit mit unserem Opfer. Alles deutet darauf hin, dass Thomas Eilenburg der Attentäter vom Neustädter Markt ist.“ Sein Team musste ja nicht sofort wissen, dass diese Zeugen der Hauptverdächtige Caruso und eine junge Frau mit Down-Syndrom waren. Ein Raunen ging durch die Mannschaft.

„Wissen das die Verfassungstypen auch schon?“, wollte Fritz Öswald wissen.

Der Kommissar tadelte ihn milde.

„Noch nicht, aber heute noch. Nur wenn Behörden zusammenarbeiten können Verbrechen und Terror effizient bekämpft werden.“

Den Spruch hatte er sich zurechtgelegt, weil er geahnt hatte, dass die Frage auftauchen würde.

„Die Überschneidung der Fälle“, fuhr er mit Blick in die Runde fort, „ist natürlich ein Fahndungserfolg für uns – auch wenn der Täter selbst zum Opfer wurde.“

Harald Lang, ein Kriminalobermeister um die Vierzig und mit Dreitagebart, wollte wissen: „Können wir das beweisen?“

KHK Burghard zeigte auf ein Ermittlungspärchen, das sich bis jetzt im Hintergrund gehalten hatte.

„Sabine, Drago. Bitte.“

Sabine Mertens, Kriminalmeisterin, und Drago Vlacic, ebenfalls KM, sahen sich an.

„Wer zuerst?“, fragte Drago.

Sabine nahm ihr Tablet in die Hand, wischte darauf herum und begann: „Also, wir waren vorhin im Apartment des Opfers. Sein Vermieter hat uns aufgeschlossen. Thomas Eilenburg war Student an der Uni und verdiente sich nebenbei mit Kellnern etwas dazu.“

„Und mit dem Verticken von Drogen!“, rief POM-Fritz von hinten dazwischen, und KOM Harald Lang zeigte ihm den nach oben gerichteten Daumen.

Sabine ließ sich nicht ablenken.

„Sie, Herr Hauptkommissar, wollten wissen, ob Eilenburg mit der Organisation, beziehungs- und korrekterweise dem eingetragenen Verein SchwertFisch in Verbindung steht. In der Wohnung gab es darauf keine Hinweise. Die beiden Herren von der Spusi, die dabei waren, haben aber Crack sichergestellt, hinter einem Spiegel relativ schlecht versteckt."

Drago machte weiter: „Nach der Erfahrung der Spusi-Leute, die hier leider nicht anwesend sind, kann es ihm deshalb auch untergeschoben worden sein. Ist aber bei Eilenburgs Vergangenheit unsicher. Sein Handy war ja am Fundort beim See nicht auffindbar. Warum er es nicht dabei hatte, wissen wir nicht. Es lag auf dem Bett. Tatsächlich fanden sich darauf Notizen über Datum und Uhrzeit der Rede auf dem Neustädter Markt. Erste Erkenntnisse der Auswertung deuten auf wenig rege Telefon-, SMS- und WhatsApp-Kontakte hin. Soziale Netzwerke: Fehlanzeige, außer er macht's mit einem anderen Gerät, das wird Clara noch in Erfahrung bringen. Seine letzten angenommenen Anrufe kamen von Verbindungen mit der Vorwahl 00351. Der allerletzte aus einer Telefonzelle hier in Hannover, heute um Punkt 12 Uhr."

„00351? Das ist welches Ausland?", fragte Burghard trocken.

„Portugal", antwortete Drago, „von wo genau dort ist aber wegen der Kürze der Zeit ..."

„... äußerst unsicher", vollendete Burghard mit Blick zur Decke, „ich weiß. Danke, Frau Mertens und Herr Vlacic."

Eilenburg hatte also telefonischen Kontakt mit jemand in Portugal, überlegte Burghard für einen Moment. Ein Verdächtiger in Verbindung mit der Attentatswaffe arbeitete dort in der deutschen Botschaft, ein weiteres Indiz also für Eilenburgs Schuld. Er wandte sich an Max Unger.

„Was wisst ihr von der KT über die Tatwaffe im Fall des Umweltministers, was die Kollegen noch nicht wissen?"

Max erklärte kurz den Typ der Waffe, der allen bekannt gewesen sein sollte.

„Vier Schuss wurden daraus abgegeben. Drei Projektile sind nach dem Anschlag sichergestellt worden. Alle drei weisen die gleichen charakteristischen Merkmale nach einem Abschuss auf, stammen also aus derselben Waffe."

„Seht ihr“, überlegte Burghard laut und höherstimmig zu seinem Team gewandt, „drei Projektile, und das macht mich stutzig. Eines der Projektile haben wir aus einem Pfosten der Bühne geholt, eines steckte im Rednerpult, und das dritte wurde aus der Schulter des Ministers operiert. Und mit diesem dritten Projektil stimmt was nicht. Max, bitte!“

„Blut mit der Blutgruppe und der DNA des Ministers haften dem Projektil an. Die Verformung aber ergibt nach Berechnung der Aufschlaggeschwindigkeit und des Einschusswinkels keinen Sinn, wenn es einen Menschen traf. Unserer, also meiner Kollegen und meiner Meinung nach, stammt die Deformierung vom Auftreffen auf einen harten Gegenstand, und zwar aus sehr kurzer Entfernung.“

Der Kommissar dankte Max.

„Laut Aussage von Minister Herold, könnte der Täter, wie unser Erstverdächtiger Marius Lukas, sogar von der Archivstraße aus geschossen haben. Das ist eine Entfernung, die einen Treffer mit derartiger Wirkung, wie uns das Projektil sagt, unmöglich macht.“ Das Team schwieg nachdenklich.

„Zählt mal alle Fakten und Indizien zusammen. Marius Lukas traf mit großer Wahrscheinlichkeit in der Archivstraße auf Thomas Eilenburg, der vom Tatort und im Chaos wegrannte. Eilenburg schob Lukas die Waffe unter und verschwand. Einen Tag später liegt er erstochen im Maschsee. Ich denke, wir haben den Attentäter. Ich fürchte aber, als Einzeltäter kommt er nicht in Frage. Ohne die Waffe und Hintergrundwissen hätte er diesen Anschlag nie so durchführen können!“

Mara warf kleinlich ein, dass man aber über den oder die Mörder von Eilenburg nichts wisse.

Der Kommissar beruhigte sie.

„Dass die Aufklärung des Attentats Vorrang hat, ist ja wohl allen klar. Ihr wisst, was da draußen seitdem los ist. Wir müssen den Verfassungsschützern unsere Ergebnisse übermitteln. Herr Lukas muss sofort freigelassen werden. Frau Lehnkamp ebenso. SchwertFisch hat wohl nichts mit dem Attentat zu tun, auch, wenn man es so aussehen lassen wollte.“

Falls das BfV nach den neuesten Erkenntnissen die SchwertFisch-Leute zurück in die Hände der Kripo überstellen sollte, blieb immer noch der Vorwurf des Landfriedensbruchs gegen Caruso. Sein Vorhaben hatte er nicht durchziehen können – vielleicht sein Glück.

Jetzt musste nur noch dieser Zeuge aus Portugal eintrudeln, sagte sich Burghard, und dieser Robeus in Rosenheim festgenommen werden.

Der Kommissar entließ seine Leute: „An die Arbeit, meine Damen und Herren!"

Wenn er sein Team so betitelte, hatte das Wort Feierabend keine Bedeutung.

Was war mit dem Detektiv Warthens aus Rosenheim? Bis Robeus dort unten auftauchte, musste er sich für Fragen über den Zeugen an den Detektiv halten.

Und dann blieb da noch die Frage nach der vierten Kugel. Noch immer zwickte es in seinen Eingeweiden, wenn er daran dachte, dass sich seine Vermutung bestätigen könnte.

20.08 Uhr. Rosenheim

Ramona ließ sich von Robert ein Glas Wein einschenken. Die Tagesschau lief und berichtete von der Bruchlandung eines Flugzeugs in Frankfurt.

„Ich glaube, ich brauche deine Hilfe doch noch etwas länger“, gestand Robert seiner Gastgeberin.

Seine Worte zauberten ein Lächeln auf Ramonas Lippen. Am Nachmittag hatte sie sich beim Friseur ihre unglaubliche Mähne stutzen lassen. Ihre neue Kurzhaarfrisur ließ sie völlig anders aussehen, als Robert sie von jeher kannte. Nicht nur, dass sie bedeutend jünger wirkte. Robert staunte über die Wandlung eines verrückten Huhns zur Dame, denn auch ihre Kleidung hatte sie angepasst. Das kurze Schwarze verlieh ihr eine elegante, seriöse und gleichermaßen erotische Seite.

„Liegt das an meinem neuen Outfit“, schäkerte sie, „oder weil du immer noch nicht weißt, wann du dich im Geschäft blicken lassen kannst?“

„Ich fürchte, beides“, gestand Robert holprig. Noch immer stand er am Tisch und hielt die Rotweinflasche in der Hand, als wollte er direkt daraus trinken, wozu er sogar Lust hatte.

Ramona tat beleidigt:

„So, fürchtest du.“

Sie nahm einen großen Schluck und lächelte ihn mit Rotweinzähnen an.

Robert erschrak, dass er sich davon nicht mal abgestoßen fühlte. War halt Rotwein, na und! Drehte er durch? War es die unbestimmte Angst, er könnte nie wieder auf die Straße treten? Unter Leute gehen? Der den Brief an ihn geschrieben hatte, war ihm auf den Fersen. Wenn der und seine Leute ihn zu fassen bekamen, würde er entweder sterben, oder für immer in deren Hand sein. Die waren ihm einfach über. Als Polizist hatte er immer an seine Kollegen geglaubt. Sie waren unbescholten, die meisten immer noch. Aber die Zeiten hatten sich geändert. Konnten die denn anders, wenn sie von seiner angeblichen Vergangenheit erfuhren? Gab es

Kopien und Unterlagen zum Inhalt des Briefs, der ihn verzweifeln ließ? Er sollte besser doch wieder Kontakt zu Michael aufnehmen.

„Hallo-ho", weckte ihn Ramona aus seiner Erstarrung.

Robert stellte die Flasche auf den Tisch.

„Was?"

„Du fürchtest, es liegt an meinem Styling, dass du bleibst?" Ramona klopfte mit der Handfläche aufs Sofa. „Komm, setz dich endlich."

„Nein — ja".

Wie ein gefüllter Sandsack ließ sich Robert neben sie plumpsen. Allmählich schmolz sein Widerstand gegen Ramonas Annäherungen wie zurzeit Butter außerhalb des Kühlschranks. Sie roch verdammt gut, und sie hatten schon einmal tollen Sex miteinander gehabt.

Er legte den Arm um sie, und sie kuschelte sich sofort an ihn.

„Schön", hauchte sie.

Die Tagesschau kündigte den seit Tagen gleichen Wetterbericht an.

Die Wohnungsklingel gongte laut und lang. Robert zuckte zusammen.

„Das wird der Paketbote sein", ächzte Ramona, „die kommen in letzter Zeit immer so spät."

Sie stand auf und tippelte zur Tür.

Robert verließ ebenfalls die bequeme Couch und drückte sich hinter die geöffnete Wohnzimmertür. Entsetzt hörte er die Stimme.

„Guten Abend, entschuldigen Sie die Störung."

Leo!

Leo stellt sich und seinen Begleiter vor. Robert hatte gedacht, Leo sei im Innendienst? Es war August, Urlaubszeit, da sprang man schon mal ein. Wie kamen sie nur darauf, er könnte sich in diesem Haus verstecken? Von Ramona konnte Leo nichts wissen. Das war lange nach seiner Zeit bei der Polizei. Wahrscheinlich klapperten sie sämtliche Wohnungen ab, und nun war Ramonas Bude dran. Volltreffer.

„Kennen Sie diesen Mann?"

Sicher zeigten sie Ramona ein Foto von Robert. Als wäre er ein Verbrecher! Im Spiegel des Wohnzimmerschranks sah er, wie Ramona den Kopf schüttelte. Zu spät erkannte er, dass der zweite Beamte über Ramonas Kopf hinweg auf den Schrank starrte, als würde er ein Gespenst sehen. Natürlich! Wenn Robert ihn sehen konnte!

„Haben Sie Besuch?", hakte Leos Begleiter ein.

„N-nein." Ängstlich blickte Ramona nach hinten.

Das war's, fürchtete Robert.

Leo und der andere standen schon im Flur, entschuldigten sich bei Ramona dafür, und der zweite Mann zückte seine Dienstwaffe.

„Lass das!", herrschte ihn Leo an. „Du spinnst wohl!"

„Aber ..."

Robert trat mit erhobenen Händen in den Flur.

„Guten Abend, Leo."

Leo schnaubte: „Wusste ich's doch. Mensch, Robby, du wirst als Zeuge ..."

Weiter kam er nicht. Robert stieß ihn zur Seite, lief ins Treppenhaus und stürzte sich förmlich die Treppe hinab. Es waren acht Stockwerke bis zum Ausgang. Leo war langsam und unsportlich geworden, sein Begleiter weniger.

Robert hörte das Poltern seiner Sprünge über die Stufen.

„Stehenbleiben!"

Roberts Lungen stachen bereits jetzt. Endlich erreichte er die Ausgangstür. Draußen schlug ihm abendliche Wärme entgegen. Das Tageslicht trug bereits das Kleid der Abenddämmerung. Wohin?

Er rannte zur Brücke, überquerte sie bis zum Eisstadion und schlug Haken neben bremsenden Autos, um über die Innsbrucker Straße zu kommen.

Jemand rief „Idiot, da vorn ist eine Ampel!"

Hinter ihm quietschten Reifen. Diesmal für seinen Verfolger. Vor dem Malteser-Haus orientierte sich Robert nach links.

„Scheiße!", hörte er. Er wusste nur, dass es eine Frauenstimme war.

Er öffnete die Augen.

„Der ist mir direkt ins Radl g'rennt", klagte die Frau.

Ein Mann sagte: „Robert Robeus, Sie sind festgenommen!"

Robert fand, das Déjà-vu hätte jetzt nicht sein müssen. Dann wurde ihm schlecht.

FRANKFURT, FLUGHAFEN. 20.12 UHR

An einen Weiterflug war nicht zu denken. Um 21.50 Uhr hätte die Maschine nach Hannover starten sollen. Nach der Bruchlandung der TAP-Maschine waren sämtliche Starts und Landungen gestrichen worden. Dennoch waren er und seine zwei Wachhunde nach der medizinischen Erstversorgung mit weiteren, unverletzten Passagieren zügig in die Transithalle gebracht worden. Die Stühle waren hart und unbequem. Wenigstens hatten sie Decken bekommen. Damit konnte er seine erneut festgezurrten Handfesseln vor den anderen Reisenden verbergen. Eigentlich sollten sie abseits der normalen Fluggäste untergebracht werden, im 19. Polizeirevier der Polizeidirektion Flughafen. Zum Gebäude 194 in der Südpassage war es ein weiter Weg. Einer seiner Begleiter hatte mit einem Beamten gesprochen, der sie hierher vertröstete. Bald sollten sie abgeholt werden.

Er sah auf die Uhr am Ankunftsschalter. Um diese Zeit hätten sie auf das Boarding zum Anschlussflug warten sollen. Gegen 22.40 Uhr wäre die Maschine in Hannover gelandet. Und was dann? Sie konnten ihn schließlich nicht einbuchten. Seit heute Vormittag, nachdem sie ihn in der Botschaft festgenagelt hatten, hatte er Verständnis für die Maßnahme gezeigt. Er hatte kooperiert, wo und wie es nur ging. Selbst die Gelegenheit abzuhauen, die er vorhin befreit von Handschellen gehabt hätte, hatte er sich verkniffen. Er war unschuldig wie ein Lamm – außer, dass seine Dienstwaffe, in deren Besitz er nicht mehr war, für ein Attentat missbraucht wurde. Natürlich musste die Polizei annehmen, der Eigentümer der P8 könnte womöglich darin verstrickt sein. Trotzdem galt er als Zeuge, einer, der sich die Fesseln gefallen ließ, weil er wusste, er hätte nicht anders gehandelt. Als Staatsdiener hatte er Pflichten, und er war ein guter Staatsdiener.

Zwei Beamte — er roch den Status der beiden förmlich — in Zivil traten auf die drei zu. Sie sollten doch bitte mitkommen.

Hoffentlich hatten sie einen Raum zum Schlafen aufgetrieben, spekulierte er. Er war hundemüde, und seine Begleiter, die Wachhunde, sicher auch. Doch Fehlanzeige. Sie wurden in einen Polizeitransporter gesetzt. Der Fahrer gab Hannover,

Waterloostraße 9 ins Navi ein. Dann erhielt er einen Funkspruch. Er änderte die Anschrift. Büttnerstraße 28, Hannover.

Natürlich wusste er, dies war die Adresse des niedersächsischen Innenministeriums mit der Abteilung Verfassungsschutz. So weit waren sie also schon? Er schloss die Augen. Die Fahrt mit der Kiste würde etwa vier Stunden dauern. Zeit zum Ausruhen.

Neustädter Markt
Hannover. 20.14 Uhr

„Habe ich mir gedacht“, triumphierte Kommissar Burghard und schaute zurück über den Platz bis zur Archivstraße. „Selbst wenn Marius Lukas durch die Bäume hier geschossen hätte—das ist viel zu weit entfernt, wo er mit seinem Laster stand.“

Noch während des Meetings hatte ihn die Meldung erreicht, am Tatort des Anschlags sei eine Patronenhülse oder Pistolenkugel gefunden worden. Burghard war in Begleitung von Konrad Keller sofort aufgebrochen.

Die beiden Herren, die das Geschoss gefunden hatten, saßen auf den Sitzgelegenheiten am Tischbrunnen in der Mitte des Neustädter Markts und zeigten sich mitteilungsfreudig.

„Dass es sich um eine Pistolenkugel handelt“, keuchte der mit der Schiebermütze, „habe ich gleich gesehen. Die lag ganz schön versteckt auf dem Grund vom Brunnen in einem Schlitz, wo’s Wasser abläuft.“ Er hob seine Hand und zeigte den Mittelfinger. „Damit hab ich se rausgepult.“

„Genau“, bestätigte der andere, etwa gleich alt wie sein Freund, um die Achtzig. „Wir sind ja im Schützenverein, und das Ding da hat Kaliber 9-mal 19. Aufgeschlagen isse jedenfalls nicht.“

Burghard hatte mitgehört.

„Sehr gut, meine Herren. Ist Ihnen sonst noch was aufgefallen?“

Der mit der Mütze holte sich das Ding vom Kopf, kratzte sich kurz an den spärlichen Stoppelhaaren und stupste den anderen an.

„Dir vielleicht? Wissense, wo doch gestern das schreckliche Attentat passiert ist, habe ich gleich gedacht, das Geschoss da könnte was damit zu tun haben. Wieso haben Sie denn das nicht gefunden, hä? Sie haben doch den ganzen Platz abgesperrt gehabt.“

„Richtig“, bestätigte Burghard und warf Keller einen Blick zu, der töten konnte. Der junge Mann von der Spurensicherung machte eine hilflose Geste mit den Händen und meinte, er sei ja gestern nicht im Einsatz gewesen.

„Das waren Kollegen.“

Er hatte die Patrone mit einem durchsichtigen Plastikbeutel gesichert und beschriftet.

Burghard wetterte mit Quäkestimme: „Da predige ich dauernd, dass eine vierte Kugel aus der Tatwaffe fehlt, und dann so etwas! Geht's noch!“ Die beiden Rentner hörten interessiert zu. Sie sollten das nicht hören, und der Kommissar zog Keller zur Seite.

„Wie kann man das übersehen?“, raunte er. Keller überlegte.

„Sie könnte während der Tatortobservationen noch nicht im Wasser gelegen haben. Außerdem stand die nach hinten geschlossene Rednerbühne ja vor dem Brunnen zwischen dem Baumrondell, also zur Calenberg- und Archivstraße hin, nicht zur St. Johanniskirche. Die Schüsse kamen aus dieser Richtung, und wie kommt dann das Projektil in den Brunnen? Da müsste unser Täter ja um die Ecke geschossen haben!“ Er grinste.

„Lassen Sie das Gegrinse, das Ihnen gleich vergehen wird. Keine Ahnung, wie es hinter die Bühne geriet, oder?“

„So wie das Projektil aussieht, wurde es zwar abgefeuert ...“ Keller stutzte. In der einen Hand hielt er das Beweisstück, in der anderen eine lange Greifzange. Mit letzterer zeigte er gen Abendhimmel.

„Die ist — genau, der hat in die Luft geschossen! Mann, wenn die nicht in den Brunnen zurückgefallen wäre, sondern einen Passanten am Kopf getroffen hätte – oder den Minister. Die hat dann immer noch eine ganz schöne Durchschlagskraft.“ Burghard schmunzelte nun doch.

„Richtig. Und ich glaube, ich weiß warum er einmal in die Luft schoss — vorausgesetzt, es bestätigt sich, dass diese Kugel aus der Tatwaffe stammt.“

In dem Fall war es Burghard nicht recht, recht zu haben. Aber um die Wahrheit zu finden, war er letztendlich einst bei der Kripo angetreten.

ROSENHEIM. 20.15 UHR

Obwohl Robert der Schreck über den Zusammenprall mit der Radlerin in allen Knochen steckte, war er gleichzeitig auch wütend. Er hockte an einem Baum zwischen Fahrbahn und Radweg und fluchte leise vor sich hin. Er hatte sich erwischen lassen und wusste, wie ein vor der Polizei Fliehender angesehen wurde: schuldig.

Zum Glück war der Unfall vor dem Malteser-Haus passiert. Für Erste-Hilfe-Maßnahmen konnten die Sanitäter zu Fuß antreten.

Beiden – die Frau trug einen Fahrradhelm – war nicht viel passiert, und es genügten Desinfektionsspray und Pflaster.

Leo war seinem Kollegen gefolgt. Der hatte einen Einsatzwagen angefordert, wegen Gefahr in Verzug.

„Mensch Robert“, schnaufte Leo, „war das jetzt nötig?“

Sein Kollege mit dem Namen Werner legte Robert Handschellen an.

„Du wirst als Zeuge dringend gebraucht, Robby“, redete Leo weiter und ignorierte Werner, der Robert über seine Rechte belehren wollte, „mehr nicht! Warum haust du ab?“

Robert wusste es selbst nicht.

„Ich dachte, ihr wisst über alles Bescheid. Inzwischen hat sich bei euch doch rumgesprochen, dass ich einen Minister ermorden sollte. Ich weiß noch, wie wir früher jeden Hops genommen haben, der eine Gefahr darstellte.“

„Heutzutage ist das nicht mehr so, wie du weißt. Du stellst keine Gefahr dar. Du warst es doch, der uns am Telefon vor einem Attentat in Rosenheim gewarnt hat.“

„Ach“, machte Robert, „das wisst ihr auch schon? Soviel zur Diskretion eines Privatdetektivs! Und was soll dann das da?“ Er hielt Leo die gefesselten Handgelenke vor die Nase. Leo half ihm auf die Beine.

„Ja, wir sind informiert worden. Die Kollegen in Hannover haben ganz schön was zu tun in dem Fall. Sie brauchen dich. Du musst jemanden identifizieren.“

„Eine Gegenüberstellung, ich weiß. Soll ich jetzt nach Hannover düsen, oder was?"

„Das geht ja auch anders", sprach Leo in Rätseln. „Und nimm ihm endlich die Dinger wieder ab, Werner!", blaffte er seinen Kollegen an. „So ein Scheiß!"

„Aber hallo", bekräftigte Robert. Im Grund war er froh, dass Leo ihn aufgestöbert hatte. Bei seinen Ex-Kollegen würden die Kerle, die ihn auf dem Kieker hatten, sicher nicht aufstöbern. Und der Brief? Dessen Inhalt behielt er für sich. Wenn der Absender sein angebliches Wissen über ihn preisgab, würde sein letzter Einsatz als Gesetzeshüter als Fall neu aufgerollt. Ausgang unbekannt. Ab jetzt ließ sich nichts mehr vermeiden. Er war geliefert.

Robert tauschte mit der Radlerin, die nun nach der Bepflasterung durch die Sanitäter ebenfalls wieder auf den Beinen stand, seine Personalien aus. Falls sie Anzeige erstatten wollte, oder der Unfall doch noch zu einem Versicherungsfall werden sollte. Auf eine polizeiliche Aufnahme verzichtete sie. Sie lächelte sogar, als sie Roberts Namen erkannte.

„Ach Sie sind das!", staunte die Frau, die etwa dreißig Jahre alt und schmächtig gebaut war. „Bei Ihnen hab ich mal fünf Stunden genommen, wissen Sie noch?"

Robert hatte keine Ahnung, tat aber höchst erfreut. Wahrscheinlich hatte er wegen seines Fehltritts auf den Radweg nichts weiter zu befürchten.

Verblüfft schaute die Frau zu, wie Leo und Werner Robert in den Einsatzwagen setzten.

„Wegen mir müssen Sie ihn nicht gleich ins Gefängnis stecken", rief sie hinterher.

Der Streifenbeamte startete den Wagen, der die Ausfahrt für die Malteser-Einsatzfahrzeuge versperrt hatte.

Er fuhr los.

In letzter Sekunde musste Robert mit ansehen, wie Ramona im kleinen Schwarzen versuchte, dem Streifenwagen zu Fuß zu folgen. Barfuß. Ihre Wangen schimmerten tränenfeucht.

Sie tat Robert unendlich leid.

„Wer war das?", fragte Leo.

„Das weißt du doch. Ihr habt ihr einen Riesenschrecken eingejagt. Woher wusstet ihr eigentlich, dass ich bei Ramona bin?“

Die zwei Kriminaler hatten Robert auf dem Rücksitz in die Mitte genommen. Es ging eng her.

Leo schnäuzte sich umständlich.

„Nur, dass du dich eventuell in dem Haus aufhältst. Eine Zeugin hat dich erkannt. Solltest besser auf deine Tarnung achten. Hast es schließlich mal gelernt.“
Der Fahrer sah neugierig und wiederholt in den Rückspiegel, sein Beifahrer redete nach hinten: „Kennen Sie sich?"

Sie erreichten das Polizeipräsidium Süd. Das Dunkelblau des Himmels färbte sich rauchig grau. Robert stieg nach Leo aus dem Wagen und merkte, dass die Luft schwer geworden war. Früher oder später würde vom Wendelsteingebirge heraus ein Gewitter ziehen und Abkühlung bringen. Robert fürchtete, um ihn konnte es bald heiß hergehen. Er kannte das Prozedere, Verhörraum, unnötige Personalien-Aufnahme, Zeugenbefragung.

Leos Hemd wies großflächige Schweißflecke auf. Er roch nicht gerade wie ein Sommerblümchen. Trotzdem war Robert froh darüber, dass er und kein anderer die erste Befragung durchführte. Und er hoffte schwer, nicht in Hannover erscheinen zu müssen. Wenn Robert Michael richtig verstanden hatte, (er hätte ihn gerne missverstanden), sollte er den Mann aus Lissabon identifizieren. Wie waren sie auf den gekommen? Und wenn er es nicht war, der ihn anheuern wollte? Stand er dann als Lügner da? Irgendwo von draußen, bevor er durch die Tür zum Verhörraum schritt, glaubte er Donner zu hören.

Wie passend, sagte er sich, wie ein abgelutschtes Spannungs-Klischee in einem bescheuerten Roman.

„Manchmal“, sagte er halblaut, „ahmt das Leben schlechte Romane nach. Super.“ Leo schaute betreten, fragte aber nicht nach.

„Name!“

Courtyard-Hotel. 21.20 Uhr

Außer seinen Kontakten zu Ole Burghard und Martina Lehnkamp hatte Michael keine Bekanntschaften in Hannover und Umgebung. Für diese Nacht sollte es sich einrichten lassen, auf der Mini-Couch zu schlafen und Antje das Bett zu überlassen.

„Hast du keine Verwandten in der Nähe?", fragte er sie bereits zum zweiten Mal. „Oder Freunde? Bekannte?"

Antje sah fern und schüttelte den Kopf.

„Denk nach, Mädel", brummelte er leise, damit Antje ihn nicht hörte. Laut schlug er vor: „Ich könnte dich morgen nach Hause fahren. Du wohnst doch bei Martina und Marius, oder besser Caruso?"

„Ja." Antje drehte sich zu ihm hin. „Ich hab einen Schlüssel."

„Gut", nickte Michael erleichtert. Hastig suchte er auf seinem Smartphone nach der Route. Wenn es gut ging, brauchte er zweieinhalb Stunden bis Wangerland. Bei Stau, auf den die Verkehrsmeldungen für die Autobahn zwischen Hannover und Bremen schließen ließen, erheblich länger. Und zurück noch einmal. Er stöhnte auf. Es würde ihm nichts anderes übrig bleiben. Am morgigen Freitag wollte er eigentlich abreisen. Nach Roberts Ausstieg sah er keinen Grund mehr, warum er in Hannover bleiben sollte.

Antje drückte den Ton des Fernsehers weg und zappte durch die Programme. Bei einem stutzte Michael.

„Lass das mal da."

Antje stellte den Ton wieder an. Der NDR-Regionalsender berichtete von einem Leichenfund im Maschsee. Der Mann sollte, wie ein Polizeisprecher bekannt gab, mit dem Attentat an Minister Herold zu tun haben. Aus ermittlungstaktischen Gründen könne man zu diesem Zeitpunkt keine weiteren Angaben zu dem Toten und die Umstände seines Auffindens machen.

Antje schaute mit einem Lächeln zu Michael

„Das Mädel hat nachgedacht“, sagte sie schelmisch, „Wenn der tote Mann auf den Minister geschossen hat, darf Caruso und darf Tina nicht mehr lange im Gefängnis bleiben.“

Mit offenem Mund starrte Michael zuerst auf den Bildschirm, dann auf Antje. Die hatte sein Grummeln trotz des Fernsehers gehört. Und jetzt zieht sie auch noch solche Schlüsse, machte er sich klar.

„Oh ja, da hat das Mädel aber sowas von recht!“, spielte er mit und lachte sie an.

Er griff erneut zum Smartphone, doch es kam ihm zuvor und vibrierte wie wild. Unbekannt. Er hob ab und meldete sich deshalb nur mit „Ja?“

„Warthens“, schnaubte jemand mit einer Stimme wie aus einem Megaphon, „ich bin heute ständig am Hin- und Herrennen zwischen Büro und Tatorten.“

Burghard!

„Die Kollegen haben Ihren sogenannten Klienten Robeus ja rasch gefunden. Ihr arbeitet wohl doch ganz fix da unten, was!“

Michael schluckte. Was hatte der denn für eine Meinung von der bayerischen Exekutive!

„Sie haben Robert schon? Hat der Hinweis einer rothaarigen Dame dabei mitgeholfen?“

„Das müssen Sie schon die Bayern fragen“, kürzte Burghard ab. „Ich habe denen gesagt, dass Sie hier in Hannover sind. Robeus will Sie sprechen. Und ein gewisser Kommissar Leopold Bauer. Die werden Sie anrufen. Ihre Nummer ist denen ja bekannt. Und noch was, Warthens: Wir erwarten den Besitzer der Tatwaffe des Anschlags und laut Robeus den mutmaßlichen Hintermann des Attentats aus Lissabon noch heute Nacht. Morgen Früh wird sich Robeus ein Video der Vernehmung des Mannes ansehen. Wenn er eine erste Bestätigung über die Identität seines Kontaktmannes in Lissabon abgibt, wird er nach Hannover kommen müssen. Wir brauchen eine direkte Gegenüberstellung und seine konkrete Aussage zur Anstiftung zum Mord.“

So viel und schnell hatte Michael den Kommissar seit gestern noch nicht sprechen gehört. Durch seine immer höher werdende Stimme war Burghard wenigstens deutlich zu verstehen.

„Na gut“, stellte sich Michael begriffsstutzig, „und was soll ich dabei?“

Burghard räusperte sich.

„Übersetzen—nein“, würgte er den Scherz über eine bairisch-niedersächsische Sprachbarriere ab, „ich brauche Sie wegen etwas anderem.“

„Und was soll das sein?“

„Bis morgen. Vor neun noch, wenn’s geht. Schlafen Sie erstmal. Sie sollten ausgeruht sein. Gute Nacht.“

Burghard legte auf und ließ einen entgeisterten Privatdetektiv zurück.

23.00 Uhr
Rosenheim/Hannover/A 7

Seit Roberts Verhaftung — sie glaubte, es wäre eine — hatte Ramona die Polizei mit Anrufen bombardiert. Gegen halb Zehn war sie selbst im Präsidium erschienen. Eine Beamtin hatte sich um die völlig aufgelöste Frau im schwarzen Mini gekümmert. Heute Nachmittag hatte sie sich zum ersten Mal in ihrem Erwachsenenleben schminken lassen, und nun hatte sich die ganze Kosmetik in ihrem Gesicht verteilt. Zuhause hatte sie das nicht bemerkt. Der Spiegel war ihr nach dem Schreck völlig wurscht gewesen. Mit einem Hygiene-Tuch hatte sie sich Wimperntusche von den Wangen gewischt und dabei der feschen Beamtin erklärt, warum sie da war.

Jetzt lag sie zuhause nackt und auf dem Rücken auf ihrem Bett und nahm den beinahe kühlen Luftzug durch die geöffneten Fenster wahr. Wind kam auf. Die Vorhänge blähten sich zu dicken Bäuchen.

Die sinnlose Aktion bei der Polizei bereute sie jetzt. War sie hysterisch rübergekommen? Sicher. Aber sie hatte handeln müssen. Aus der Gesäßtasche von Roberts Hose, die er am Nachmittag getragen hatte, war ein Stück Papier geragt. Sie war nicht neugierig, nein. Sie hatte nur wissen wollen, ob es wichtig sei, das Papier.

Auch wenn Ramona nicht alle Einzelheiten über Roberts Problem und sein Abtauchen bei ihr kannte—dass der Brief verdammt brisant war, lag auf der Hand. Sie ahnte, dass das Schreiben der Auslöser für seine Bitte bedeutete, sich noch länger bei ihr verstecken zu müssen. Das Schreiben durfte nicht in falsche Hände gelangen. Sie glaubte zwar nicht alles, was darin geschrieben stand, aber es konnte Robert schaden. Deshalb hatte sie das Kuvert mit einem Klebestift fest verschlossen. Ohne lange nachzudenken, und wie bisher gewohnt ohne einen Blick in den Spiegel, hatte sie den Brief in ihre Handtasche gepackt und anschließend die Polizei genervt.

Sie hoffte, die nette Polizistin hatte Robert den Brief, sein Eigentum, ungeöffnet zukommen lassen. Schließlich hatte sie Ramona versichert, Robert sei weder festgenommen, noch verhaftet worden. Er sei nur und ausschließlich ein wichtiger Zeuge.

In Hannover legte sich Kommissar Burghard im Nachtdienst-Raum aufs Ohr. Für ein paar Stunden, hoffte er, würde er Schlaf finden. Morgen musste vieles klappen. Fehlte noch, dass er dem Bayern zum Ausruhen riet, und er selbst den Freitag mit dunklen Ringen unter den Augen angehen würde. Wenn sein Plan aufging, würde eine unglaubliche Schweinerei ein schnelles Ende finden.

In Michael Warthens' Hotelzimmer schnarchte Antje wie ein kanadischer Holzfäller. Michael versuchte mit Klopapier in den Ohren, das Sägen abzuwürgen. Irgendwann gelang es ihm. Fast. Die Klimaanlage rauschte trotzdem, und wenn er sie abstellte, würde er den Hitzetod sterben. Er hatte eine Tropennacht in Hannover erwischt, immer noch über zwanzig Grad, und unten in Julian's Bar, bis ein Uhr geöffnet, ging eine Privatfeier ab. Er sollte morgen fit sein, hatte ihn KHK Burghard gebeten. Wie denn!

Auf der A 7 passierte der Polizeitransporter Kassel. Handfesseln trug er nun nicht mehr. Sie vertrauten ihm, dem Zeugen und letztendlich immer noch Kollegen. Zum Zeitvertreib ging er die Begriffe für die Handschellen durch, die er mal gelernt hatte. Handfesseln, Handschellen hatte er schon, Handschließen als Fachbegriff wurde nur noch selten benutzt. Achter. Ja, einen Achter anlegen hieß es im Slang von Straftätern, Gaunern und Ganoven. Er war ja keiner dieser Typen. Ganz gewiss nicht. Er stand auf der anderen Seite, wenn auch nicht so offensichtlich wie uniformierte Einheiten.

Er legte den Kopf nach hinten. Der Motor brummte und vibrierte eintönig. Ein wenig Schlaf täte gut, ging ihm durch den Kopf. Aber durch die Fahrgeräusche konnte er nicht einmal dösen.

Morgen war Freitag. Mal sehen, ob er sich zu einem schwarzen entwickelte, und wenn: für wen.

Freitag, 5. August. Hannover, Parkplatz Courtyard-Hotel

Der Wagen hielt an. Die Sonne stand hoch am Himmel und ließ den schwarzen Lack funkeln. Zwei Männer stiegen synchron aus dem SUV. Seit Stunden wussten sie, wo sie ihn zu suchen hatten. Robert Robeus hatte sie verraten, und nun sollte er bezahlen. Ihr Auftrag lautete unmissverständlich: Liquidation.

In Zukunft würden sie die Personen anders aussuchen, die ihre Schmutzarbeit erledigen sollten. Wenn man nicht alles selbst macht, hatte der Chef die beiden Herren angeschnauzt. Aber Attentate auf offenen Straßen bedeuteten, selbst erwischt zu werden.

Wann würde es wieder so weit sein, hatten sich die zwei vorhin im Wagen gefragt. Für dieses Mal war der Auftrag erledigt und gelungen. Ziel erreicht.

Dass dieser Robert sich nicht erpressen ließ, hatte der Chef nicht einkalkuliert. War sein Fehler. Was nutzte es jetzt noch, wenn er das, was er ihm in seinem Schreiben so hübsch angedroht hatte, wahr machte. Was, wenn dieser Robeus noch mehr wusste und es aussagte! Der war mal Polizist, und die zwei und ihr Boss konnten abschätzen, was das bedeutete. Der Apparat konnte sich gegen sie wenden. Nein, Robeus musste weg.

Genau wie dieses hirnrissige Exemplar von einem Studenten, den sie gestern hatten erledigen müssen. Der hatte doch wirklich gedacht, er könnte sie bloßstellen. Wer nicht hören will, muss fühlen, hatte der Chef bemerkt. Der musste wohl noch an seinen Erpressermethoden feilen, der Spezialist, hatten sich die beiden Mitarbeiter im Stillen gesagt. Falls das noch einmal nötig sein sollte.

In dieser Angelegenheit hatten sie keine andere Wahl. Dieses Mal würden sie noch präziser arbeiten müssen als gestern. Wie konnte es nur geschehen, dass der

Studenten-Fuzzi so schnell wieder aufgetaucht war? Mit ein paar Monaten hatten sie allemal gerechnet. Sie waren umsonst nass geworden.

Heute also noch einmal von vorn. Es war ihnen unangenehm, aber der Aufwand rechtfertigte die Mittel. Der Chef war ohne Frage ganz schön trickreich. Woher wusste er, wo Robeus zu finden war? Geil!

Wie zwei, die einen Gast abholen wollten, betraten sie das Foyer des Hotels und beobachteten die Leute, die kamen und gingen. Lange mussten sie nicht warten. Er nannte sogar seinen Namen. Von der Statur her und dem süddeutschen Sprachklang nach, war er es. Sie hatten sein Bild im Internet angesehen. Jetzt trug er eine großglasige, getönte Brille. Es musste eine Lesebrille sein. Wer trug schon Sonnenbrillen im Haus? Sie nahmen ihre eigenen ab und taten, als putzten sie die Gläser.

Sie hofften, ihm nicht mit dem Auto folgen zu müssen. Hier verlor man sich im Straßenverkehr leicht aus den Augen. Die meisten Leute waren unglaublich nett zueinander, wirkten entspannt und gelassen. Und doch war es wie überall, kaum saßen sie hinterm Steuer, wurden sie zu Tieren.

Sie hatten Glück. Robeus lief zu Fuß weiter. Die Chancen, ihn zu kriegen, schwollen an.

Er nahm die nächste Abzweigung nach rechts. Wo wollte er hin? Bei der Polizei soll er schon gesungen haben. Doch nicht die vollständige Arie?

Robeus ging schnell. Sie wussten, dass er eine Security-Firma besaß, aber nicht, dass er selbst fit wie ein Neuwagen war. Trotzdem, irgendwie ging der komisch. Hatte er sich irgendwann einmal verletzt? Bei dem Schusswechsel vor Jahren, den der Chef erwähnt hatte? Oder sein Kreuz machte nicht mehr mit. Jedenfalls latschte Robeus langsamer. Ja, ja, auch nicht mehr der Jüngste.

Mit ihrer im Hauptberuf gut zu gebrauchenden Intuition, rochen sie Robeus' Ziel. Sie sahen sich nur kurz an und grinsten schräg. Zum Biergarten!

Bäume, dunkle Ecken. Bei der Hitze ging es dort sicher zu wie blöde. Umso besser.

Oder doch zur Polizei? Nein, Robeus passierte die Polizeistation und steuerte seine Beine direkt auf den Biergarten zu. Er wurde noch einen Tick langsamer. Dem ging die Puste aus.

Am Zugang zum Garten schlenderte er vorbei, hielt kurz an und besah sich den Parkplatz. Suchte er sein Auto? Hatte er es hier geparkt?

Robeus machte ein paar Schritte auf ein Reisemobil zu. Er sah sich um, als wittere er Gefahr. Wie recht er hatte!

Die zwei Männer, sie hatten sich legere und leichte Kleidung in gedeckten Farben angezogen, drifteten auseinander. Wie Haie kreisten sie ihr Ziel unauffällig ein. Einer nestelte an einem alten weißen Ford Fiesta herum, als ließe sich das Fahrzeug nicht öffnen, der andere tat keine zehn Meter davon entfernt, als müsse er an einen der Bäume pinkeln.

Was machte Robeus hier? Egal, es musste sein.

Los geht's! Ob er ihm mal helfen könne, bitte, rief er den Bayern zu sich. Langsam bewegte sich Robeus auf ihn zu. Der biss tatsächlich an!

„An was hapert's denn?", fragte Robeus.

An Robeus' Dummheit haperte es. Sein Kumpel hatte das Pinkeln-Getue aufgegeben und sich angeschlichen. Er schlug von hinten zu und riss Robeus zu Boden. Hier hatten sie ihn im Griff. Sicher und unbemerkt, voller Vertrauen in ihre eigene Kaltschnäuzigkeit.

16.10 Uhr.

Im Klinikum herrschte angespanntes Schweigen. Drei Stunden lief die OP schon. Oder war sie schon längst abgeschlossen? War er tot? Dann hätte man es ihnen gesagt.

Caruso, Martina und Antje saßen draußen auf dem fensterlosen Flur. Von der Notaufnahme hatte man sie hierher gebracht, wo es abseits des Aufnahmebetriebs etwas ruhiger war. Das künstliche Licht leuchtete in jeden Winkel, den sie nicht sehen wollten. Erneut liefen eine Schwester und ein Pfleger vorbei. Beide schauten in eine Krankenakte und murmelten irgendetwas.

„Mir reicht's jetzt!", schimpfte Caruso. Er stand von seinem Hocker auf und eilte zur Stationszentrale.

„Weiß man denn endlich was?"

„Bitte", sagte die Schwester mit den langen Zöpfen, deren Geduld er nun zum dritten Mal strapazierte, „Sie werden sofort informiert. Versprochen."

Caruso staunte über die Beherrschung der nicht mehr ganz jungen Dame. Obwohl er seine zu verlieren drohte, entschuldigte er sich beschämt.

Heute Vormittag waren er und Martina aus den Fängen des Verfassungsschutzes entlassen worden. Kaum, dass sie Antje in ihre Arme geschlossen hatten, mussten sie die schreckliche Nachricht erfahren.

Martina hatte bis jetzt unterlassen, ihre Verwandte zu unterrichten. Erst wollte sie abwarten, wie es weiterging. Intensivstation? Oder …? Nur eines von beiden Übeln erschien ihr möglich.

Martina und Caruso hatten Kommissar Burghard als tollen Polizisten eingeschätzt. Ihm hatten sie ihre Freilassung zu verdanken. Und nun?

Was war nur schief gelaufen?

7 Stunden zuvor, ZKD, 09.00 Uhr

Der Mann aus Portugal hatte dunkle Ringe unter den Augen, die Bindehaut war gerötet. Ausgeschlafen sah anders aus, fand Burghard. Das komme von den Klimaanlagen im Flugzeug und im Transporter, klagte die Person, die dem Kommissar zur Vernehmung gegenüber saß. Gestern Abend hatte der Mann einen Beinahe-Absturz erlebt, ging Burghard durch den Kopf, und jetzt jammerte er wegen zu wenig Schlaf? Komischer Vogel.

Die Mitarbeiter des BfV hatten Reinhard Erwaldt sofort nach seiner Ankunft in Hannover in die Mangel genommen. Der Schlafentzug wirkte wie Folter, aber die durfte Erwaldt seinen Kollegen nicht vorwerfen. Er riss sich am Riemen und blieb hartnäckig bei seinen Aussagen. Dem bestens geschulten Befragungsteam des BfV war er kollegial gegenüber getreten. Er war ja einer von ihnen, ein Beamter der mittleren Besoldungsgruppe. Nur, dass ihm das mit der — zugegeben doch sehr alten — Dienstpistole passiert war.

Kommissar Burghard wusste nicht recht, wie er mit dem Mann mit dem Pferdeschwanz dran war. Konnte Erwaldt sich ausmalen, dass ihn jemand aus einem anderen Grund als den mit der Tatwaffe verdächtigte?

Nachdem er von allen Seiten amtlich fotografiert worden war, hatte man ihn gebeten, in einem kahlen Raum mit greller LED-Beleuchtung zu warten. Burghard war informiert worden, dass die Kollegen des BfV Zusammenarbeit wünschten.

Nett formuliert, fand Burghard. Einforderten, hieß das wohl.

Gestern Abend hatte er die Informationen über die Ermittlungen seines Teams ans BfV weitergeleitet – weiterleiten müssen. Der Polizeipräsident erhielt eine Kopie. Auch den Vorschlag, aufgrund der neuesten Erkenntnisse die Unschuldsvermutung für Marius Lukas und Martina Lehnkamp in einen Unschuldsbeweis umzuwandeln, hatte er nicht ausgelassen. Auf Letzteres ging man heute am frühen Morgen nicht ein.

Reinhard Erwaldt, von Kameras erfasst und gähnend, sollte dem vom Kommissar benannten Zeugen aus Rosenheim gegenübergestellt werden. Das BfV war demnach Burghards Meinung. Was blieb ihnen auch anderes übrig. Der Kommissar empfand eine gewisse Genugtuung.

„Die stoßen auch mal an ihre Grenzen“, hatte er sich vorhin zur Begrüßung von Michael Warthens hinreißen lassen. Den Bayern zu informieren, war ihm wichtig. Wenn der Detektiv auch nicht mehr als Mittelsmann zwischen einem anonymen Zeugen in Rosenheim und dem Verdächtigen in Hannover herhalten musste: Burghard wollte ihn aus einem anderen Antrieb bei der Vernehmung von Erwaldt zuhören lassen.

Die BfV-Leute hatten zwar versucht, Robert Robeus selbst zu einer Aussage zu bewegen. Zwingen konnten sie ihn nicht.

Zehn Minuten vor neun hatte sich Robert die vom BfV zur Verfügung gestellten Fotos auf einem Tablet angesehen. Lange hatte er nicht hinsehen müssen. In Rosenheim hatte Kommissar Leopold Bauer zweimal nachgefragt, ob er sich auch wirklich sicher sei.

„So sicher, wie wir beide mal Spitzen-Kollegen waren.“

Der Satz hatte bei Leo die letzten Zweifel zerstreut.

„Er ist es“, hatte er Burghard geskypt. „Hundert Prozent!“

Die protokollarischen Fragen und Einführungen leierte Burghard routinemäßig ab. Anschließend warf er einen Blick in die Decken-Kamera und nickte. Sein Team und Michael Warthens verfolgten das Verhör im Großraumbüro an den Monitoren.

„Herr Erwaldt“, begann Burghard kräftig näselnd, „danke, dass Sie sich zur Verfügung stellen, das Bundesamt für Verfassungsschutz, dem Sie ja faktisch noch angehören, hat Sie uns überstellt. Nun, wissen Sie warum?“

Erwaldt zog die Brauen zusammen.

„Erstens gehöre ich dem BfV nicht faktisch an, sondern dem BND und ganz real, und schon gar nicht noch. Zweitens: nein.“ Er verschränkte die Arme. Viel Reden war heute nicht sein Ding.

Burghard blieb amtlich ruhig: „Ihre Zeit in Lissabon, wohin Sie versetzt wurden, nutzten Sie die beruflich?“

„Was soll die Frage?“

„Ein Zeuge hat sich, nach dem Ihnen bekannten Attentat auf Minister Herold hier in Hannover gemeldet. Sie sollen ihm ein Angebot gemacht haben, ein Attentat auf einen deutschen Landesminister zu verüben."

„So ein Blödsinn. Warum sollte ich?" Erwaldt öffnete seine Arme und begann, Däumchen zu drehen. „Zum tausendsten Mal, ich weiß, dass die Sache mit meiner Dienstwaffe scheiße gelaufen ist. Aber so etwas wie ein Attentat können Sie mir nicht unterschieben. Im weitesten Sinn sind wir schließlich Kollegen, Herr Hauptkommissar." Es strengte ihn an, so viel zu sprechen. Er lehnte sich wieder zurück und legte erneut die Arme übereinander.

Im Großraumbüro hörte Michael, wie jemand sagte: „Er ist nervös. Sehr sogar."

„Da der Zeuge Sie auf Aufnahmen eindeutig identifiziert hat", sagte Burghard in ruhiger Weise, „ist Ihnen schon klar, dass Ihnen eine persönliche Gegenüberstellung nicht erspart bleibt."

„Wer soll denn dieser Zeuge überhaupt sein?"

„Sie wissen, als gewissermaßen Kollege, es gibt Grenzen. Sie sind ein Verdächtiger. Das darf ich Ihnen nicht sagen."

„Ich habe ein glänzendes Alibi, Herr Hauptkommissar. Nämlich Lissabon." Burghard lächelte gespielt.

„Natürlich. Hat ja auch niemand behauptet, Sie hätten den Anschlag persönlich verübt." Zuckte Erwaldt mit den Mundwinkeln? Er kämpfte gegen den Drang, auszurasten. Übermüdung macht aggressiv.

„Ach was!", stieß er aus. „Da meine Waffe für ein Attentat verwendet wurde, verstehe ich ja, dass meine Kollegen und Sie mit mir sprechen müssen. Das war's aber auch schon."

„Vielleicht haben Sie sogar recht", stimmte der Kommissar für alle, die es hörten, überraschend zu. Er stand auf und sagte: „Sie können gehen. Bitte."

POM Friedrich Öswald, der als Sicherungsbeamter dem Verhör beiwohnte, geleitete Erwaldt hinaus.

Das Team im Büro sah sich betreten an.

Michael stand mittendrin und kam sich flüssiger vor als Wasser. Überflüssig.

09.17 Uhr. Großraumbüro

Burghard wurde empfangen wie ein Verräter. „Wo bringen Sie Erwaldt jetzt hin?“, traute sich Mara als erste zu fragen. „Lassen wir ihn laufen?“

Der Kommissar verdrehte die Augen.

„Natürlich nicht. Er ist in einem speziellen Raum mit POM Fritz. Fritz ist eingeweiht. Keine Panik. Und Sie, Warthens, kommen jetzt mal mit.“ Mit langen Schritten eilte Burghard zurück zur Tür. „Na, Warthens, was ist?“

Michael rutschte „zefix, was is'n dös jetza“ heraus. Ein paar aus der Mannschaft kicherten. Michael wusste warum.

„Aber, da bin ich jetzt gegen, ist deutsch, oder?“

„Gegen was sind Sie?“, fragte Burghard und drückte ungeduldig die Türklinke.

„Wurscht“, kürzte Michael ab und dachte, die wissen schon, was gemeint ist.

Eine Stunde später wartete er im Courtyard-Hotel auf den Anruf des Kommissars.

09.20 Uhr

Obermeister Friedrich Öswald führte Erwaldt in die Personal-Küche. „Kaffee?", bot er dem müden Verdächtigen an.

„Na, Sie sind aber freundlich", wunderte sich Reiner Erwaldt. „Brauchen Sie mich eigentlich noch? Ich meine, ich würde mir gerne ein Hotelzimmer nehmen. Ja, ich halte mich schon zur Verfügung."

Er wusste, worauf es ankam.

Öswald meinte, es täte ihm leid.

„Befehl vom KHK. Sie müssen noch hierbleiben. Selbstverständlich als Gast, hat er betont."

„Von mir aus. Kriege ich auch mein Handy wieder?"

„Ja sicher. Warten Sie bitte. Ich hole es Ihnen von der Pforte."

Er schenkte Erwaldt Kaffee ein. Der Deckel der Thermoskanne war allerdings locker und löste sich. Erwaldt schreckte zurück. Kaffee tropfte vom Tisch auf den Boden. Öswald entschuldigte sich, schnappte sich ein paar Küchenkrepps und bückte sich. Dabei drehte er Erwaldt den Rücken zu.

„Nochmal Entschuldigung", wiederholte Öswald, „ist ja nichts passiert. Dann hole ich Ihnen mal Ihr Handy."

Alleine gelassen schlürfte Erwaldt den bitteren Kaffee. Nicht nur der machte ihn sofort munter. Was lag da auf dem Fußboden? Hatte der Obermeister und trotzdem Unterbulle beim Saubermachen etwas verloren?

Erwaldt staunte nicht schlecht. Das war ja ein Ding!

Jetzt wusste er genau, für wen dies ein schwarzer Freitag sein würde.

12.30 Uhr. Courtyard-Hotel

Michael ließ sich ein Mittagessen aufs Zimmer kommen. Der Roomboy bekam ein üppiges Trinkgeld. Mit dem Deal, den er mit Burghard ausgehandelt hatte, würde er angemessen entschädigt werden. Trinkgelder setzte er grundsätzlich auf seine Spesen-Rechnungen.

Zum x-ten Mal schaute er auf den Fotoausdruck von der RoSi-Homepage. Robert sah ihm wirklich ähnlich. Dass sie die gleiche Größe und Figur haben sollten, war ihm nie aufgefallen. Burghard schon. Der hatte sich ein Video über Robert angesehen, in dem der Security-Mann Körperabwehr-Techniken vorführte.

Michael hatte durch den Stress der letzten Monate einiges an Gewicht verloren, was wiederum Conny freute. Die hatte ständig gepredigt, wie schlecht sich seine angehende Wampe auf seine Gesundheit auswirkte. Das Kampfgewicht wie Robert besaß er jetzt sicher nicht. Aber spielte das eine Rolle?

Michael legte Gabel und Messer zur Seite. Anschließend ging er ins Bad, ließ sich einen kalten Wasserstrahl über den Kopf laufen und setzte sich die Brille auf. Unter der Weste schwitzte er wie in der Sauna. Das weiße Hemd passte darüber.

Sein Smartphone brummte. Burghard. Er hatte eine WhatsApp-Nachricht gesendet. Daumen hoch. Es ging los. Bairisch sprechen sollte er, wenn er nach unten ging, die Zimmernummer sagen, die Burghard aufgeschrieben hatte.

„Ah, unser Gast aus dem Bayrischen!“, grüßte ihn der Hotelportier lauter als sonst. Er steckte Michaels Keycard zur Verwahrung bis zur Rückkehr des Gastes in das dafür vorgesehene Fach. Burghard hatte das Empfangspersonal instruiert, nicht Michaels Namen zu nennen. Hat geklappt.

Der falsche Robert hatte für alle Fälle und zur Tarnung eine leicht getönte Sonnenbrille aufgesetzt. Die beiden Zivilbeamten taten, als bemerkten sie ihn nicht. Die anderen waren also in seiner Nähe! Die störende Brille würde Michael nicht mehr brauchen. Er nahm sie ab, sah sich beiläufig um und steckte sie ein. Die beiden Männer am Eingang, die gleichzeitig ihre Brillengläser putzten, das mussten die sein, die Burghard haben wollte. Michael sah sofort, dass deren Brillenputzen eine Verlegenheitshandlung darstellte.

Es ging los.

Die getarnten Leute vom ZKD würden ihn nicht aus den Augen lassen. Er war in guten Händen. Ein Großteil von Hannovers Polizeiaufgebot hatte sich in den Dienst des ZKD gestellt. Michael wurde auf Schritt und Tritt bewacht. Mobiles Einsatzkommando, MEK, und eine SEK-Einheit operierten im Hintergrund. Seine Verfolger würden keine Chance haben, zu entkommen.

Michael ging flott und zielstrebig zum mit Burghard verabredeten Ort, dem Parkplatz am Waterloo-Biergarten. Dort angekommen, konnte er mit der Weste unter dem Hemd kaum mehr laufen. Das Reisemobil, in dem mehrere Beamte auf ihren Einsatz warteten, stand auf dem angegebenen Platz. Als Lockvogel für die Polizei zu arbeiten hatte sich Michael nie vorstellen können. Da er selbst nur den kleinen Waffenschein besaß, hatte er nicht einmal seine Schreckschusspistole dabei. Die Knarren waren den SEK-Leuten vorbehalten, und die sollten jetzt eigentlich zugreifen.

Der eine seiner beiden Verfolger stand an einem weißen Ford und rief ihm zu, ob er ihm mal helfen könne.

Machte er das Theater halt mit.

„An was hapert's denn?"

Der Rest ging in einem Schlag in seinen Nacken unter. Er fiel hin. War das ein Messer an seinem Hals? Scheiß-Schutzweste, fluchte er innerlich. Warum hatten sie ihm die kugelsichere Verpackung umgehängt, wenn nicht geschossen wurde? Der andere war auch mit einem Messer ... An seinem Hals lief wie heißer Schweiß eine Flüssigkeit bis unter die lästige Zwangsjacke. Nach Atem ringend starrte er auf die SEK-Männer, die seine Peiniger von ihm rissen. Zu spät, schoss ihm durch den Kopf.

16.10 Uhr. Polizeidirektion

Der Polizeipräsident war ein langer, schlanker Mann mit auffallend großer Nase. Hinter vorgehaltener Hand nannten PP Heiko Klönmanns Mitarbeiter ihn den „Zinken“. Sie dachten, der Fünfzigjährige hätte davon keine Ahnung, aber er gönnte ihnen den Spaß.

Zum Scherzen war im Moment niemand zumute. Klönmann schaute mit den funkelnden Augen eines jagenden Tigers von Staatsanwalt Kai Menke zu KHK Ole Burghard und zurück.

„Das hätte nie und nimmer geschehen dürfen, Ole.“ Klönmanns Stimme bebte vor Zurückhaltung, sonst hätte er seinen Duz-Freund zusammengestaucht wie einen Schuljungen. „Erkläre uns das bitteschön.“

Burghard saß mit gesenktem Kopf auf einem Drehstuhl, Staatsanwalt Menke rechts daneben im ledernen Besuchersessel. Der KHK biss sich fast die Zähne aus, um übereilt nichts Falsches von sich zu geben.

Den Präsidenten hatte nichts mehr auf seinem Bürosessel gehalten. Er wanderte in seinem Büro von der Größe des unmittelbar darunterliegenden ZKD-Offices umher.

Menke saß mit verschränkten Armen stumm dabei und betrachtete Klönmanns Wanderung, als ginge ihn die Sache nichts an.

Jetzt nahm Menke das Heft in die Hand: „Die Haftbefehle gegen die beiden des Mordes an Thomas Eilenburg beschuldigten Herren Petersen und Simonns sind bereits ausgestellt, Heiko. Der Mordversuch an Herrn Michael Warthens ist in den Haftbefehlen natürlich ebenfalls erwähnt. Den Befehl für Reiner Erwaldt muss ich noch zurückhalten. Ich brauche mehr Beweise, als nur die Zeugenaussage dieses Robeus aus der Ferne und die Tatwaffe. Warum hast du mich erneut herbestellt?“

„Das erklärt dir besser unser Herr Hauptkommissar.“

Burghard richtete sich auf.

„Zunächst einmal“, begann er leise, „muss ich mich für meine Fehleinschätzung entschuldigen. Ich weiß, dass es Folgen haben wird, Herrn Warthens einer solchen Gefahr ausgesetzt zu haben. Obwohl ich sagen muss, dass er selbst sehr wohl dazu bereit war, sich uns zur Verfügung zu stellen. Er war mit einer schusshemmenden Schutzweste ausgestattet. Dass wiederum ein Messer benutzt werden könnte, war uns bekannt. Stiche in den Körper wären nicht möglich gewesen. Warthens hatte uns zudem versichert, dass er mit einem Messerangriff umgehen könne. Er ist privater Ermittler und geschult. Dass die beiden so schnell zuschlagen würden, war nicht vorhersehbar. Schon während Warthens zu Boden geworfen wurde, stürmte die SEK Einheit aus unserem getarnten Wohnmobil und stoppte zusammen mit unserem MEK die Tat.“

Präsident Klönmann hatte sich inzwischen vor Burghard in seiner ganzen Größe von nahezu zwei Metern aufgestellt.

„Ob der Zugriff früher hätte erfolgen sollen, Ole, wird noch polizeiintern behandelt werden“, sagte er und verschränkte die Arme. „Kannst du dir ja denken. Gnade dir Gott, dass dieser Zivilist aus Bayern durchkommt! Eine Zivilklage …“

Burghard verbarg sein Gesicht in den Händen. Klönmann hörte auf, Salz in seine Wunde zu streuen.

„Also, wiederhole, bitte, vor Staatsanwalt Menke, was du mir vorhin so ganz nebenbei erzählt hast.“

Jetzt kam sich Burghard endgültig vor wie der Schüler, der sich einst auf dem Gymnasium beim Herrn Direktor für einen Streich entschuldigen musste. Diesmal hatte er keinen Unfug angestellt. Im Gegenteil. Er nahm seine Hände vom Gesicht und schaute Menke in die Augen.

„Herr Staatsanwalt, ich beantrage Haftbefehl gegen den für Niedersachsen zuständigen Minister für Umwelt, Energie und Klimaschutz!“

Menke reagierte im ersten Moment überhaupt nicht. Er sah aus, als säße er nicht neben Burghard, sondern irgendwo im Zugabteil und träumte vor sich hin.

PP Klönmann räusperte sich.

„Entschuldige, Kai, das ist sein Ernst.“

Menkes Paralyse löste sich. Kühl und ohne erkennbare Emotion erkundigte er sich: „Können Sie das begründen?“ Er zog ein Aufnahmegerät aus seiner Sakkotasche. „Ich darf doch?“

Burghard stimmte zu.

Klönmann setzte sich hinter seinen Schreibtisch.

„Na bitte“, stöhnte er schwer, „wir hören.

1,5 Stunden zuvor, Rosenheim. 14.40 Uhr

Robert unterschrieb das Protokoll seiner Aussagen über seine Reise nach Lissabon und den Mann, dessen Name mit Reiner Erwaldt angegeben wurde. Einer Gegenüberstellung stimmte er zähneknirschend zu. Zum ersten Mal seit über einer Woche hatte er wieder eine Nacht in seinem eigenen Bett verbracht. Die Wohnung in der Schillerstraße kam ihm vor, als wäre er Jahre nicht mehr hier gewesen. Genau wie am Dienstag die Stadt Rosenheim, als er im Bahnhof aus dem Zug gestiegen war. Ein Fremder auf vertrautem Terrain.

Gleich am Morgen hatte er mit Ramona telefoniert. Nach ein paar freudigen Japsern hatte sie sich soweit beruhigt, dass sie ihm gestand, den Brief aus seiner Hosentasche einer Polizistin übergeben zu haben.

„Ich weiß“, hatte er Ramona beruhigt, „und die gab ihn mir. Ich zeigte ihn Leo, das ist der Kommissar und … egal, jedenfalls gilt er als Beweismittel und als Beleg dafür, dass Druck auf mich ausgeübt wurde, einen vorgetäuschten Anschlag durchzuführen.“

Er versprach ihr, nachdem er für ein oder zwei Tage nach Hannover müsste, sich mit ihr gleich danach zu treffen.

Er hatte falsch gehandelt, unterzutauchen. Solche Macht hatten die abtrünnigen Würstchen vom Geheimdienst dann doch nicht, ihn mit falschen Anschuldigungen zu erpressen. Er hätte das gleich in den richtigen Hals bekommen sollen, statt die Drohungen zu schlucken und zu kuschen. Leo hatte den Brief, der durch mehrere Hände gegangen war, gelesen und als Beweisstück verpackt per Post nach Hannover gesendet.

Robert hätte den Inhalt auswendig herunterleiern können. Mit dem, was da drin stand, konnte R. E. festgenagelt werden. Irgendwelche Spuren von ihm waren darauf hoffentlich noch vorhanden. Höflich formuliert war das Schreiben wenigstens.

Wenn die Echtheit des Briefes bestätigt werden konnte, war auch der Minister in Hannover erledigt.

„Und da fahre ich jetzt hin", sagte er bestimmt zu Leo, „jemanden treffen, an dem ich am liebsten meine neuesten Watschen-Techniken ausprobieren würde. Danke für alles."

Leo nahm das unterschriebene Protokoll und scannte es ein, um es zusammen mit einer ebenfalls eingescannten Kopie des Briefs an Robert vorab nach Hannover zu senden.

„Na, du drückst dich ja gewählt aus", tadelte er Robert, nur dass er dabei nicht spöttisch wirkte. Im Gegenteil. Leo kniff nachdenklich die Augen zusammen.

Robert erkannte sofort, dass etwas nicht stimmte.

„Ich muss dir was sagen, Robby. Warthens", begann Leo stockend, „der Detektiv, er ist niedergestochen worden."

Robert schluckte.

„Michael?"

„Ja. Er spielte den Lockvogel für die Kollegen in Hannover. Er ist als du aufgetreten."

„Als was?" Robert verstand nicht.

„Als du, als Robert Robeus. Du warst im Visier der Leute, die den Anschlag geplant haben. Die Kollegen wollten denen eine Falle stellen, da sie nicht wussten, wer hinter dem Mord an dem Attentäter, Thomas Eilenburg, steckte. Da ist wohl was gehörig schiefgelaufen."

„Scheiße!", stieß Robert aus. „Ist er …?"

„Schwer verletzt, sagte die Kollegin am Telefon."

Konsterniert schüttelte Robert den Kopf.

„Warum? Ich wäre doch sowieso bald dort gewesen."

„Das hab ich die in Hannover auch gefragt." Leo fuhr sich mit der Hand über die Lippen. „Sie hatten kaum was in der Hand gegen den Drahtzieher der ganzen Sache, Reiner Erwaldt. Sie konnten ihn nicht länger festhalten. Sie mussten die Gunst der

Stunde nutzen. Warthens war der einzige Gast aus Rosenheim in dem Hotel, das Kollege Burghard dem Erwaldt als deinen …“, er zeichnete Häkchen in die Luft, „… Aufenthaltsort verriet. Erwaldt hat seine Leute, die bis dato völlig im Dunkeln operiert hatten, sofort instruiert, dich auszuschalten. Burghard hatte das so geplant. Warthens spielte den Köder. Wenigstens haben sie die beiden Täter.“

Robert hielt den Kopf gesenkt.

„Dann wird’s Zeit, auch diesen Erwaldt auszuschalten. Servus, Leo.“

Conny hörte wie gelähmt zu, was Berti ihr schluchzend berichtete. Polizei sei bei ihr gewesen, als einzige Angehörige wurde sie über Michaels Zustand benachrichtigt. Warum hatte Martina sie nicht angerufen? Ob sie eine der SchwertFisch-Mitglieder war, die nach dem Attentat verhaftet worden waren? Bestimmt, sie kam gleich hinter Caruso in der Hierarchie des Vereins.

Was sollte sie jetzt nur tun? Zu Berti! Auf jeden Fall zu Michaels Tante. Und buchen. Ein Zugticket? Einen Flug? Seit langem hatte sie keine solche Panik mehr gepackt wie jetzt. Michael konnte sterben! Scheiße, scheiße, scheiße!

Hektisch setzte sie sich an ihren PC und rief die Startseite der Deutschen Bahn auf. Wenn sie sich beeilten, konnten sie in zwei Stunden im Zug nach München sitzen und von dort im ICE nach Hannover fahren.

Es dauerte ewig, bis sie ihre Kreditkartennummer gefunden hatte. Und nochmal eine Ewigkeit, bis sie die ausgedruckten Tickets in der Hand hielt.

Sie zog sich um, setzte sich aufs Fahrrad und radelte zu Berti in den Margarethenhof.

„I fahr da ned hin!“, wehrte sich Berti.

Conny wunderte sich nicht über die Reaktion. Die alte Dame hatte Angst, Michael so zu sehen, wie zu befürchten war.

„Er wird durchkommen!“, beruhigte Conny sich selbst und Berti. „Wenn er aufwacht, wird er dich sehen, und dann geht’s ihm gleich besser.“

„Das glaub ich ned“, motzte Berti. „Woher weißt du denn, dass alles gut wird mit’m Michi? Hast in deine Glaskugel g’schaut?“

Conny versuchte zu lächeln.
„Kann schon sein.“
„Na, dann fahr’n wir halt nauf zu die Preiß’n.“
Schnell wischte sich Berti die Tränen aus dem Gesicht.

16.17 Uhr
Polizeidirektion Hannover

Staatsanwalt Menke kam um ein bedauerndes Lächeln nicht herum. Trotzdem schaltete er das Aufnahmegerät an und legte es vor sich auf Klönmanns Schreibtisch.

„Herr Hauptkommissar, Sie wissen doch, dass wir, die Staatsanwaltschaft, zunächst die Aufhebung der Immunität eines MdL beantragen müssen, um überhaupt erst Ermittlungen einleiten zu können. Das Justizministerium muss mit einbezogen werden, der Landtag muss zustimmen. Das dauert mindestens zwei bis drei Tage. Vor allem muss ein triftiger Grund dafür vorliegen. Jetzt erzählen Sie mal, warum Sie den Minister auf dem Kieker haben."

Ole Burghard ärgerte sich über das anmaßende Grinsen des Mannes der Judikative. Er, als Vertreter der Exekutive hatte die ganze Arbeit zu erledigen, und die Anwälte konnten wegen eines einzigen falschen Wortes oder winzigen Formfehlers alle Mühen zunichtemachen. Mit einem Streich.

„Herr Staatsanwalt, mit Absicht habe ich den Schritt der Immunitätsaufhebung übersprungen, weil ich überzeugt bin, dass Minister Herold in eine gewaltige Intrige verwickelt ist, eine politische Sauerei sondergleichen."

„Na, Ole", beschwichtigte Polizeipräsident Klönmann seinen KHK, „bleib bitte sachlich und komm zur Sache." Burghard versuchte, seine Stimme im Zaum zu halten, was bei ihm wie ein zu lautes Flüstern klang.

„Minister Herold ist überhaupt nicht verletzt. Er wurde am Mittwoch, den dritten August auf dem Neustädter Markt von keiner Kugel aus der uns bekannten Waffe, einer HK P8, getroffen." In Polizeipräsident Klönmanns Gesicht schoss sehr viel Blut. Seine Nase glänzte. Er wechselte seine Sitzposition und schniefte auf. Es hatte ihm die Sprache verschlagen.

Menke dagegen sah plötzlich interessiert aus und nickte mit ernstem Blick.

„Das ist eine gewaltige Anschuldigung."

„Ich weiß." Auch Burghard nickte und faltete die Hände wie zum Gebet. „Eine, die ich, ich meine wir, mein Team und ich, beweisen werden. Zunächst einmal besuchte ich Herold an seinem Krankenbett. Ich musste ihn ja befragen, und er fand das durchaus in Ordnung. Er wirkte munter, nicht wie unter Schock, was ja auch von schmerzstillenden und beruhigenden Medikamenten kommen kann. Dass er sich aber zweimal mit dem Arm der schwer verletzten Schulter an seinem Bettgalgen hochziehen konnte, wunderte mich stark. Ich konnte es kaum glauben, aber der massige Mann war imstande, mit so einer schmerzenden Verletzung ohne mit der Wimper zu zucken solche Turnübungen im Krankenbett zu vollführen."

„Kein Beweis", warf Menke kopfschüttelnd ein.

„Ich weiß. Kommt noch. Wir haben bis gestern drei Projektile, die eindeutig aus der Täterpistole stammen, sichergestellt und kriminaltechnisch untersucht. Dabei stellte sich heraus, dass die Kugel, die angeblich aus der Schulter des Ministers geborgen wurde, nie ein Lebewesen getroffen haben kann. Der zuständige Arzt, Dr. von Langfeld, kam mir seltsam vor, während er mir versicherte, dass er die Kugel persönlich herausoperiert habe."

Klönmann fand die Sprache wieder: „Und warum sollte dieser Doktor Seltsam gelogen haben?"

„Das weiß ich noch nicht. Aber wenn wir ihn mit dem Bericht der KT konfrontieren – und Minister Herold von unseren Ärzten auf die Verletzung hin untersucht worden ist – werden wir es erfahren. Ist das nun ein begründeter Anfangsverdacht für die Aufhebung der Immunität?"

Menke verzog seinen Mund zu einer schiefen skeptischen Miene.

„Okay", fuhr Burghard fort, „aus der Tatwaffe fehlten vier Projektile, dreimal wurde geschossen, wie mehrere Zeugen eindeutig bestätigen. Gut, kann ja schon vorab gefehlt haben, sagen Sie sich jetzt? Richtig, hat sie auch. Gestern nun tauchte die vierte Kugel auf. Sie wurde am Neustädter Markt abgefeuert, allerdings nur zur Schau. Wenn dreimal geschossen wurde, musste man ja auch drei Kugeln finden. Wir haben nun vier Stück abgefeuerte Munition, dreimal wurde geschossen. Ich mache es kurz: Eine der Kugeln war bereits vorher abgefeuert worden, und dem Minister zur Rede mitgegeben worden. Dr. von Langfeld hat sie dann im Klinikum mit Herolds Blut präpariert, so dass es so aussah, als wäre der Minister tatsächlich getroffen worden."

Klönmanns Mund stand offen.

„Ole, ich bitte dich."

„Lass nur", raunte Staatsanwalt Menke, „das klingt plausibel. Mir fehlt nur das Motiv. Und Mitwisser."

Burghard räusperte sich umständlich.

„Ist ja auch kompliziert", gab er zu, „aber auch wieder nicht. Der Mann aus Lissabon, Erwaldt, war entweder der Drahtzieher, oder auch nur der Erfüllungsgehilfe für eine Intrige, bei der es um die Diskreditierung der Organisation SchwertFisch ging. Ein Bekennerschreiben dieses Vereins, das habe ich vorhin vom BfV übermittelt bekommen, stammt mit hoher Sicherheit nicht von SchwertFisch. Man ließ es nur so aussehen. Es brauchte lediglich einen Grund, die unangenehme Organisation zu zerschlagen."

„Gut", unterbrach Menke den KHK, „Sie sammeln weitere Beweise, lassen mir die Berichte der KTU zukommen, dann sehen wir weiter. Bis auf weiteres bleiben diese Informationen unter uns."

Er stoppte das Aufnahmegerät.

„Sie werden verstehen, dass Ihre Ausführungen geprüft werden müssen. Sollten Sie ein Geständnis von Reiner Erwaldt erwirken, können wir über weitere Schritte reden. Und lassen Sie den Minister aus dem Spiel. Vorerst!"

„Um Himmels willen", stimmte Klönmann mit ein, „das wollte ich dir auch gerade raten, Ole."

Burghard zeigte sich halbwegs zufrieden.

„Ich wollte nur noch sagen, dass der Zeuge aus Rosenheim zu uns unterwegs ist. Erwaldt wird festgenagelt, das verspreche ich. Im Übrigen, Herr Staatsanwalt, sind der Mord an Thomas Eilenburg und der Mordversuch an dem für den wichtigen Zeugen Robeus gehaltenen Michael Warthens nicht Geständnis genug?"

„Sagen Sie mir, in welchem Verhältnis stehen die Personen Simonns, Petersen und Erwaldt zueinander, und welche Verbindungen der drei Verdächtigen zum Ministerium für Umwelt und zu einem Arzt liegen vor?"

Burghard fühlte sich sicherer als je zuvor.

„Erwaldt, Simonns und Petersen sind Kollegen bei ihrer Geheimdienst-Abteilung. Ob sie allein und aus Eigenantrieb handelten, weiß ich nicht. Nur, dass sie gehandelt haben, ist bewiesen. Den Rest liefere ich nach, Herr Staatsanwalt."

Worauf du Gift nehmen kannst, behielt er für sich. Den Brief an Robert Robeus, aus dem praktisch ein Geständnis herauszulesen war, hatte er als Mail-Anhang bekommen. Das Original war unterwegs nach Hannover. Zusammen mit den anderen Beweisen, wie die vierte Kugel und dem Gegenüberstellungsprotokoll mit Robeus, sollte es der Staatsanwaltschaft sehr bald vorliegen – einschließlich eines persönlichen Geständnisses von Reiner Erwaldt.

Zurück in seinem Büro las Burghard den Ausdruck des zweiten Mail-Anhangs aus Rosenheim noch einmal durch:

Sehr geehrter Herr Robeus,

leider ließen Sie uns in Lissabon keine Zeit, die Sache weiter auszuführen. Da wir schriftliche Kenntnis Ihrer Vergangenheit besitzen, sind wir uns Ihrer Diskretion sicher.

Sie liefen davon, ohne zu wissen, dass Sie den Minister, den wir ebenso wie Minister Herold in Hannover einweihen wollten, nur zum Schein erschießen sollten. Ihres übereilten Abgangs und Untertauchens hätte es also nicht bedurft. Sehen Sie unsere Nachrichten auf Ihrem Smartphone an, falls Sie es jemals wieder einschalten werden. Wir versuchten, Sie zu erreichen, und mussten nun zu diesem Mittel per Privatpost greifen, um Ihnen Ihre Bedenken zu nehmen.

Das Attentat, das wir für Rosenheim ersatzweise in

Hannover inszenierten, dient dem Staat und unserer Regierung.

Zur Erklärung: Mit Hilfe des Ministers fingierten wir den Anschlag. Als Urheber soll eine der Regierung gefährlich werdende Gruppierung mit dem Namen SchwertFisch verleumdet werden. Wir müssen den Staat vor diesen Terroristen schützen. Als Geheimdienst sahen wir keinen anderen Weg, die immer populärer werdende Vereinigung so aus dem Rennen zu nehmen.

Sie sehen, Ihre Furcht war unbegründet. Niemand wäre zu Schaden gekommen. Minister Herold geht es bestens und wird bald wieder in sein Amt zurückkehren.

Möglicherweise bekommen Sie bald einen weiteren Auftrag, den Sie mit Sicherheit annehmen werden.

R. E.

PS

Aus Ihren Akten unserer Abteilung geht hervor, dass Ihr Vorgehen bei der Schießerei 2002 den Schluss zulässt, Ihre Kollegin in Mordabsicht verletzt zu haben. Sie hatten eine Affäre mit ihr. Da Frau Sonja Jakobs das Verhältnis beendete, hatten Sie ein Motiv. Soweit die Akten- und Faktenlage. Da Ihre Kollegin Jakobs 2010 verstarb, ist sie dazu nicht mehr zu vernehmen.

Wenn der Brief nicht einen solch ernsten Hintergrund gehabt hätte, wäre Burghard entgegen seinen Gepflogenheiten jauchzend durch die Gänge gerannt.

Er hatte Erwaldt und den Minister am Wickel!

17.22 Uhr

Robeus sei unterwegs nach Hannover, stand in der Mail des Rosenheimer Polizeipräsidiums, unterschrieben von Kriminal-Kommissar Leopold Bauer.

Ob eine persönliche Identifizierung als Tüpfelchen auf dem i noch nötig sein würde? Burghard ging auf Nummer sicher.

Nach dem Angriff auf Michael Warthens und der Festnahme der Täter Simonns und Petersen war auch Erwaldt in Gewahrsam genommen worden. Eindeutiger konnte seine Mittäterschaft nicht bewiesen werden, nachdem sein Handy ausgewertet worden war. Sein letzter Kontakt zu Simonns kam aus dem Personalraum des ZKD. Dort hatte er die von Burghard vorgetäuschten Daten über Robeus' aktuellen Aufenthalt gefunden. POM Fritz hatte sie unter dem Tisch absichtlich verloren. Damit wusste Erwaldt, wo der Verräter zu finden war. Er informierte Simonns und gab den Befehl, Robeus zu töten.

Nach dem Anruf hatte er sich angeschickt, die Polizeidirektion zu verlassen. Doch vor der Tür des Personalraums wurde er von vier Herren in Uniform herzlich in Empfang genommen.

Im Verhörraum machte er jetzt keinen geknickten Eindruck. Als hätte er mit seinem Scheitern gerechnet.

Er hatte die Vorwürfe, die ihm der Kommissar machte, zur Kenntnis genommen. Ebenso eine Kopie des Briefs an Robeus, mit R. E. unterzeichnet. Er rechtfertigte sich: „Wenn sich schon in ganz Deutschland eine neue Gruppe gegen vermeintliche, bei uns herrschende Missstände formiert, warum dann nicht auch bei Geheimdiensten? Gegengewichte entstehen dort, wo ein Übergewicht droht. Wir halten alles im Lot."

„Und der Zweck heiligt die Mittel, denken Sie?"

Burghard hätte Erwaldt am liebsten verprügelt. Wenigstens zeigte er sich gesprächiger, nachdem man ihn in einer Zelle hatte schlafen lassen. Zwar nur drei

Stunden, aber das reichte, um ihm anschließend seine Taten um die Ohren zu schlagen. Erwaldt wusste nicht, dass er Michael Warthens anstatt Robert Robeus umbringen lassen wollte, auch nicht, dass Warthens noch lebte.

„Dass einer von den SchwertFisch-Typen am Neustädter Markt vor Ort war, war ein reiner Glücksfall. Thomas hatte ihn sofort erkannt, als er vom Tatort verschwand. Der war ja ein paarmal im Fernsehen. So schnell geschaltet hat unser Mann, dass er die Waffe in dem Tumult im Lastwagen von Lukas deponieren konnte."

Burghard schüttelte den Kopf.

„Loben Sie diesen Thomas gerade? Sie haben ihn umbringen lassen!"

„Beweisen sollten Sie das aber schon, Herr Kommissar."

„Ihr Handy auszuwerten ist eine unserer leichteren Übungen. Ihre beiden Kollegen, deren Haftbefehle im Moment gerade umgesetzt werden, lassen uns da sicher nicht lange im Unklaren. Sie ließen einen unsicheren Zeugen beseitigen. Ihre Leute haben ihm wegen seiner Vergangenheit Drogen untergejubelt. Sie haben ihn damit erpresst, oder auch bezahlt, weil er Geld brauchte. Und dann lockten Ihre sogenannten Leute ihn ohne Handy zum Maschsee, damit er angeblich nicht geortet werden konnte, falls bei dem Kontakt etwas schief ging. Sie haben wohl nicht bedacht, dass sein Handy Hinweise auf Sie in Lissabon enthält?"

„Er wollte Geld, der Narr, obwohl wir ihn in der Hand hatten. Der hat mal Crystal vertickt, und sein Vater hielt ihn kurz. Wir hätten ihm nachgewiesen, dass er es noch immer nicht so genau nimmt mit den Drogengesetzen hierzulande. Und nach seinem Job wollte er doch tatsächlich Geld für sein Schweigen. Der wusste ja nicht, mit wem er es zu tun hatte."

Burghard zog die Mundwinkel nach unten.

„Mit feigen Mördern, meinen Sie!"

Erwaldt ließ sich nur ein wenig provozieren.

„Was wollen Sie eigentlich? Wir haben den Staat vor diesen Leuten gerettet, die alles in Frage stellen, alles umkrempeln wollen. Selbst Minister Herold hatte nichts gegen die Aktion und machte mit."

„Moment mal", unterbrach Burghard, „das heißt, Sie schlugen Herold das fingierte Attentat vor, und der fand das in Ordnung? Nicht umgekehrt?"

„Ja natürlich. Der fand auch, dass es Zeit wird, den Schwertfischen das Maul zu stopfen. Einzig sein Hemd musste er mit dem versteckten Blutbeutel versauen und einen starken, sofort wirkenden Blutdrucksenker wie in einem Nitrospray schlucken, damit im ersten Moment der Blutverlust glaubwürdig rüberkam. Schwieriger war es da schon, die bereitgestellten Sanitäter zu überzeugen. Wir hatten Glück. Das Wichtigste bei so einem Projekt ist die Geheimhaltung!

Dr. von Langfeld wollte auch nicht unbedingt, dass da jemand das Sagen bekommt, der ihm womöglich seinen Lebensstandard vermiesen wird. Er war wie abgesprochen vor Ort und kümmerte sich als Notarzt um Herold. Und die Sanis hatten wegen des niedrigen Blutdrucks alles geglaubt. Dr. von Langfeld schirmte den Rest ab.“

Burghard überlegte, was er davon halten sollte.

„Nochmal: Sie haben eigenmächtig gehandelt, sagen Sie? Sie sind nicht von Minister Herold, oder von anderen Personen oder Gruppen dazu angestiftet worden?“

„Nö.“

Burghard wunderte sich über die Offenheit Erwaldts. Nahm er alles auf sich? Umso besser. Er kitzelte ihn verbal.

„Glauben Sie wirklich, SchwertFisch will jemandem den Lebensstandard vermiesen? Die wollen doch genau das Gegenteil, den Standard erhalten, damit wir in Zukunft überhaupt einen haben werden.

Sie und ihre Kumpane haben eigenmächtig gehandelt, nicht für den Staat, nicht für das Land, sondern einzig und allein für die momentane Regierung. Für deren Machterhaltung nahmen Sie in Kauf, dass Menschen verletzt werden, dass Unschuldige ins Gefängnis geworfen werden und eine neu entstehende demokratische – nicht terroristische – Kraft daran gehindert wird, eine Partei zu werden. Ist Ihnen eigentlich klar, was Sie mit so einer Aktion anstellen? Sie missbrauchen die Ängste der Leute vor Terrorismus zur Machterhaltung! Schäbiger geht's nicht!“

Erwaldt grinste. Zum ersten Mal, seit er im Verhörraum erneut dem KHK gegenüber saß, versuchte er, mit den gefesselten Händen an seinen Pferdeschwanz zu kommen. Es misslang ihm, und er stöhnte auf. Es klang fast wie Aufatmen.

Burghard musste noch andere Aspekte wegen der Aufzeichnung ansprechen: „So, weiter im Text: Wie hat der Täter die Tatwaffe bekommen?“

„Ich habe sie vor einem halben Jahr absichtlich als gestohlen gemeldet. Die Konsequenzen kannte ich, und ich wusste, dass man mich in eine der deutschen Botschaften versetzen würde. Von Lissabon aus kooperierten meine Leute fast besser, als von zuhause. Meine Leute haben die Pistole demjenigen zukommen lassen, der das Attentat ausführen sollte und instruierten ihn nach meinen Angaben.“

„Wer sind Ihre Leute?“

„Kollegen. Wir taten uns zusammen und sind seither sowas wie ein geheimer Geheimdienst innerhalb der Nachrichtendienste.“

Erwaldt schaffte es, in dieser Lage über seinen halbseidenen Witz zu lachen. Die Festnahme hatte seine Selbstherrlichkeit kaum angekratzt.

„Na gut“, jetzt war es an Burghard, zufrieden zu lächeln, „wir wissen ja nun, wer Ihre Leute sind. Zwei, die sicher gerne über Sie sprechen werden. Was haben Sie sich eigentlich von dem gefälschten Bekennerschreiben von SchwertFisch erhofft? Dass das sofort für bare Münze genommen wird? Genau das ließ bei mir erst recht Zweifel an dessen Echtheit aufkommen. Ich glaubte nie, dass die so blöd wären.“

„Aber unsere Kollegen. Die haben gleich zugegriffen und mit der Verhaftungswelle begonnen!“

„Das mussten sie ja wohl, Ihre Ex-Kollegen übrigens!“

Burghard hatte genug gehört. Die Staatsanwaltschaft würde das Begehren zur Immunitätsaufhebung Minister Herolds an den Landtag weiterleiten. Wenn die Ermittlungen gegen ihn mal liefen, konnte er nicht nur als Politiker einpacken.

17.30 Uhr. Klinikum Hannover

Antje bat Martina um etwas zu trinken. Martina fragte Caruso, ob sie ihm auch etwas vom Getränkeautomaten mitbringen solle.

„Ein Ratzeputz-Schluck wäre gut."

Einen Schnaps hätte Martina jetzt auch gebrauchen können. Sie lief den langen Flur entlang, ein paar Treppen nach unten zu den Warenautomaten und warf das Geld für Mineralwasser ein. Die Flasche polterte in das Entnahmefach. Gleichzeitig klingelte Martinas Handy.

„Lehnkamp."

Es war Conny, ihre Cousine aus Rosenheim. Wie sollte sie ihr nur das mit Michael beibringen. Doch Conny wusste schon Bescheid.

„Seine Tante sitzt hier neben mir im Zug. Wir sind auf dem Weg zu euch. Weiß man schon was von Michael? Wie geht's ihm?"

Martina konnte keine guten Nachrichten übermitteln.

Conny riss sich offenbar am Riemen, um ihre Begleiterin nicht zu beunruhigen.

„Okay", sagte sie mit vor Erregung hoher Stimme, „ich melde mich später nochmal."

Wahrlich kein guter Zeitpunkt für einen Besuch aus Bayern, fürchtete Martina. Sie lief den Weg zurück zu Caruso und Antje. Die Station lag direkt neben der Intensivstation, dazwischen der OP-Raum.

Von weitem konnte Martina erkennen, dass jemand mit Caruso sprach. Ein Arzt. Martina fing an zu laufen. Dieser Michael hatte sich rührend um Antje gekümmert, während sie und Caruso weggesperrt waren. Antje hatte den Typen so toll ins Herz geschlossen, wie sie nur konnte. Er durfte nicht sterben! Nicht wegen SchwertFisch!

18.03 Uhr. Rosenheim

Im RoSi-Laden trat Sylvie Cantor von einem Bein aufs andere, als müsste sie dringend aufs Klo. Sie versuchte, Roberts private Handynummer zu erfahren. Steffi telefonierte für sie mit Robert, der auf der Autobahn in Richtung Norden mit der Freisprechanlage haderte. Den Wortfetzen entnahm Steffi, dass er einverstanden sei. Er kenne Sylvie, und er würde mit ihr sprechen, wenn er einen Rastplatz angesteuert hätte.

Zwei Minuten später reichte Steffi Sylvie das Geschäftshandy.

„Robert?"

„Hallo Steffi, oder Sylvie?"

„Ja, ich bin's, Sylvie. Ich hab gehört, was passiert ist. Bei unserem Verein spricht sich die Sache rasend schnell herum. Ich wollte nur Danke sagen, dass du dich entschlossen hast, bei der Aufklärung der miesen Sache mitzuwirken."

„Ist schon okay."

„Nein, Robert, ist es nicht. Wenn ich mir vorstelle, du hättest dieses Theater am Sonntag auf dem Maxi-Platz durchgezogen, dann wären wir, unsere Ortsgruppe angeschwärzt worden. Die da dahinterstecken, hätten dann uns hier ein Bekennerschreiben untergeschoben. Wir wären am Arsch gewesen!"

„Jetzt ist es in Hannover passiert, und ihr alle seid nur vorübergehend am Arsch gewesen, Sylvie. Ich denke, der Schuss ging im wahrsten Sinne des Wortes nach hinten los. Ihr seid rehabilitiert. Die Leute werden euch als Opfer sehen, was ja auch stimmt." Sylvie kratzte sich am Kopf und drückte die Spitzen ihrer Struppi-Frisur nieder.

„Jedenfalls danke von allen der verrückten Rosenheimer Gruppe."

„Okay. Jetzt muss ich aber weiter. Ich will noch vor Mitternacht in Hannover sein. Übrigens, dankt auch Michael, den du ja kennst. Du hast mitbekommen, was mit ihm passiert ist?"

„Ja, leider. Wenn ich beten würde, würde ich es für ihn tun. Ich werf stattdessen mal einen Blick zum Himmel. Aber es blitzt und donnert hier gerade. Hoffentlich kein schlechtes Zeichen."

„Nur für die Verbrecher, die dafür verantwortlich sind. Also servus, Sylvie!"

Drei Wochen später

„Die Untersuchungen nach der Immunitätsaufhebung von Minister Herold sind abgeschlossen“, informierte PP Klönmann den KHK. „Niemand aus dem Ministerium, außer Herold selbst, auch nicht aus dem Landtag und dem Bundestag, ist in diese Sache verwickelt.“

„Ja, ja“, murrte Burghard, „sowas ist schwer nachzuweisen.“

„Der Justizminister versicherte, die Staatsanwaltschaft gewiss auch weiterhin nicht zurückhalten zu wollen. Eine politische Einflussnahme auf die Ermittlungen …“

„… ist ausgeschlossen“, vollendete Burghard den Satz lapidar.

Erwaldt hatte die ganze Zeit gewusst, dass er geschützt wurde. Darum konnte er sagen, er und nicht der Minister habe die Idee gehabt und so locker alles auf sich nehmen.

Beweisen konnte Burghard das nie und nimmer. Erwaldts, auch Simonns und Petersens Konten waren sauber. Ob ihre Motive deshalb rein idealistischer oder eher ideologischer Natur waren, bezweifelte Burghard. Um herauszufinden, wer sie wie bezahlte, bar oder auf Geldwäschekonten, brauchte er die Mitarbeit der anderen Kriminalfachinspektionen, vor allem aber mehr Zeit.

Der Minister hatte Pech gehabt, dass Burghard ihm auf die Schliche kam. Sein Deal mit Dr. von Langfeld und Erwaldts Erpresserbrief an Robeus hatten ihn zur Strecke gebracht. Vorübergehend. Er war ein austauschbarer Politiker, der irgendwann mal wieder auf die Füße fiel. Er würde wahrscheinlich eine Bewährungsstrafe erhalten. Irgendwie schafften es seine Anwälte schon, ihn als Opfer hinzustellen. Wenn er behauptete, er selbst sei erpresst worden und hätte mitmachen müssen, besaß er gute Karten für eine milde Strafe. Irgendeine Ungereimtheit in seiner Karriere, die für eine Nötigung herhalten konnte, fand sich bestimmt. Dann als Firmen-Berater ab nach Amerika.

Dr. von Langfeld saß wegen Fälschung von Beweismitteln und Beihilfe zur Vortäuschung einer schweren Straftat in U-Haft. Sein Anwalt ließ eine hohe Summe als Kaution hinterlegen. Gero von Langfeld verlor seine Stelle im Klinikum. Dass er nach einer möglichen Verurteilung zu einer Geld- oder Bewährungsstrafe als selbstständiger Arzt weiterpraktizieren würde, stand für Burghard außer Frage. Vorausgesetzt, ihm wurde die Approbation nicht entzogen.

Kommissar Burghard hatte sich keinen Reim darauf machen können, wieso sich der Arzt auf so ein mieses Theater eingelassen hatte. Weitergehende Ermittlungen ließen seine Unterstützung in einem klareren Licht erscheinen. Seine Beziehung zu Minister Herold, Golfpartner—natürlich, hatte Burghard gegrinst—und diverse gemeinsame Saunaclub-Besuche hatten sie zusammengeschweißt. Der Deal zwischen den beiden bis dato glücklich verheirateten Männern lief wohl auf sanfte Erpressung hinaus.

Burghard selbst war wegen des Einsatzes von Michael Warthens kurzfristig vom Dienst suspendiert worden. Jetzt wurde er wieder gebraucht. Ob die Anwälte von Warthens' Tante und seiner Freundin Anklage gegen ihn erhoben, wollte er abwarten. Die beiden Vorsitzenden von SchwertFisch hatten Michaels Angehörige bis jetzt davon abgehalten.

Mit dem Verein ging es steil voran. Die Presse überschlug sich wegen der Geschichte mit dem fingierten Anschlag. Die wiedergewonnene Beliebtheit des Vereins durfte dessen Weg zur Partei und später in die Parlamente gewiss nicht schaden. Wenn sie keine oder zumindest nur wenige Fehler machten, würden sie das hinbekommen.

Michael Warthens sollte in den nächsten Tagen aus dem künstlichen Koma geholt werden. Die Ärzte gaben ihm gute Chancen, konnten aber bleibende Schäden nicht ausschließen.

Martina Lehnkamp hatte Burghard erzählt, bei einem Besuch im Klinikum hätte sie mit Antje zusammen Berti Warthens und Conny Linden getroffen.

„Ist nicht schlimm“, hatte Antje Conny getröstet, die in Tränen aufgelöst die Intensivstation verlassen hatte, „er schläft nur.“ Unvermittelt war sie Conny um den Hals gefallen, als hätte sie Michaels Freundin seit Ewigkeiten gekannt. Antje hatte ihr ein paar Worte ins Ohr geflüstert, und Connys Tränenstrom war urplötzlich versiegt.

Jetzt lächelte Conny zuversichtlich.

„Ja“, sagte sie zu Berti, „er schafft ’s.“

Vier Monate später

Norddeutsche Umschau, Pressemitteilung:

R. E., der Mann, der mutmaßlich für das vorgetäuschte Attentat an Minister Herold in Hannover und an einem Mord sowie einem Mordversuch mitverantwortlich gewesen sein soll, wurde auf freien Fuß gesetzt. Das von vielen Juristen erwartete Strafmaß, fünfzehn Jahre Haft, entbehre jeder Rechtsgrundlage. Sein Anwalt begründete dies mit gravierenden Fehlern in der Anklageschrift. Der Fall muss völlig neu aufgerollt werden.

Zwei weitere in U-Haft sitzende Personen, deren Prozess wegen Mordes und Mordversuchs in drei Tagen beginnen sollte, wurden laut ihrer Anwälte wegen schwerer Ermittlungsfehler vorübergehend ebenfalls entlassen.

Inwieweit die Staatsanwaltschaft Schuld an den Mängeln treffe, werde geprüft. Unsere Berichterstatter recherchierten, alle drei Personen, deren wahre Identitäten unter Verschluss gehalten werden, seien Mitarbeiter einer Unterabteilung eines Bundesnachrichtendiensts. Wie diese Leute innerhalb des Geheimdiensts so agieren konnten, sei bislang ein Rätsel, so der Innenminister.

Zufrieden lehnte sich der Mann mit der E-Zigarette in der Hand zurück, schaute hinaus aufs Gelände des verregneten Berliner Regierungsviertels und griff zum Telefon. Sein Gesprächspartner meldete sich nicht mit Namen.

„Wir sind durch“, sagte der Mann und saugte an seiner Zigarette. „Es kam soeben als Pressemitteilung. Danke, Kai.“

Er legte auf, wählte erneut und blies Rauchkringel in die Luft.

„Rosenheim?" Er war richtig verbunden. „Ihr da unten solltet vorsichtiger sein. Dieser Ludger, der damals den Brief an Robeus übergeben hat, soll sich den Kasper noch einmal vornehmen. Und sieh zu, dass du erneut Kontakt zu unserem Mann von dieser Fluggesellschaft herstellst. Reiner fliegt zurück nach Portugal und nimmt seine Leute mit. Die drei sind zu einem Risiko geworden. Ich will nicht noch einmal, dass jemand die Landung überlebt, verstanden!"

ENDE

Über Peter Brand

Peter Brand, 1958 geboren, wuchs in Rosenheim auf und ist Angestellter der Stadtwerke Rosenheim.

Zahlreiche Kurzgeschichten Peter Brands wurden in Anthologien und Literaturzeitschriften veröffentlicht. 2008 errang er den Literaturpreis der Stadt Taucha/Leipzig. International konnte er mit Texten in den Anthologien *Spuren/Traços*, sowie *Zugvögel* in Portugal überzeugen.

Im Netz des Täuschers ist sein vierter Kriminalroman mit dem Rosenheimer Privatdetektiv Michael Warthens. Bisher erschienen im Wieken-Verlag *Der Schwan ist tot*, *Ad Enum – Unter blutiger Erde* und Leichenschatten.

Rezepte

Bayrisch:

Es sind heiße Sommertage wie in diesem Buch? Trotzdem Hunger? Etwas Saures wie ein Wurstsalat wäre gut? Warum nicht die seltene, aber früher beliebte, sehr einfache, schnelle und billige Veggie-Variante aus Tante Bertis altbayerischer Rezeptsammlung:

Essignudeln: (Einem Nudelsalat nicht ganz unähnlich)

Dazu braucht's für vier Personen:

250 Gramm Hörnchen- o. ä. Nudeln wie immer kochen und anschließend abschrecken oder auskühlen lassen. Für ein bis zwei Personen tun es auch Nudelreste vom Vortag.

1 Zwiebel kleinschneiden, viel Schnittlauch hacken und mit den kalten Nudeln mischen. (Zwiebel kann auch weggelassen werden, besonders fein stattdessen: Frühlings- bzw. Lauchzwiebeln.)

Essig nach Belieben mit Wasser verdünnen, ebenso nach Belieben Öl, Salz und Pfeffer zu den Nudeln geben, ein wenig ziehen lassen. Schon fertig.

Zusammen mit einem kühlen (Weiß-)Bier genießen.

Friesisch/Nordseeküste:

Die Matjessaison beginnt in den Niederlanden und an der deutschen Nordsee Anfang Juni. Matjes ist also eine sommerliche Delikatesse, die „einfach so", oder in Zubereitungsvarianten genossen wird. Zum Beispiel:

Matjestopf

8 Matjesfilets (falls in Öl eingelegt: entölen, dazu Filets ein paar Minuten in handwarmes Wasser oder in Mineralwasser mit Kohlensäure legen).

350g Joghurt und 100-150g ungeschlagene Sahne vermischen, 1 Apfel (ggf. geschält) in Würfelchen schneiden, 1 Zwiebel kleinschneiden und schnell – wg. Apfel – in den Sahne-Joghurt-Mix legen.

Matjes abtropfen und abtupfen, je nach Größe der Filets in Streifen schneiden und zur Marinade/Soße geben, mit etwas (!) Salz* und Pfeffer würzen, ev. auch mit einem winzigen Schuss Essig abschmecken.

*Matjes enthält bereits viel Mineralsalz, das der Körper nach einem schweißtreibenden Tag braucht.

Dazu Pell-, Salz- oder Bratkartoffeln, (ein frisches Weißbrot geht auch).

Als Getränk dazu: Friesisches Pils

Und als Nachtisch Portugiesisch:

Da in diesem Buch Abstecher nach Portugal vorkommen, darf natürlich auch von dort kein Rezept fehlen. Bekannt sind vor allem die Pastéis de Nata, die Puddingküchlein, oder auch der Pudim Flan, ein toller Eierpudding mit Karamellüberzug. Hier eine eher seltene Süßspeise, die —gerade für den Sommer geeignet – etwas leichter ist, nur nicht so leicht zuzubereiten wie die beiden vorangegangenen Rezepte:

Eischneebällchen / Farófias

Dazu braucht es:

750—800ml Milch

1-2 ungespritzte Zitronen

4-5 Eier (je nach Größe)

180—200g feiner Zucker

1 guter TL Maisstärke

Gemahlener Zimt

Eier trennen. Das Eiweiß mit ein paar Tropfen Zitronensaft zu Eischnee schlagen, vorsichtig ca. 50g Zucker zugeben bis der Eischnee fest ist.

In der Zwischenzeit Milch mit der Schale der Zitrone* langsam erhitzen, kurz aufkochen und vom Herd nehmen, Milch muss aber fast kochend heiß bleiben.

(*Es ginge auch eine Vanilleschote, aber es ist ja Sommer.)

Nocken vom schnittfesten Eischnee abstechen (Löffel) und in die heiße Milch geben, in der Milch ziehen lassen und ein paar Male wenden bis sie fest werden (testen). Sind die Bällchen außen schön fest, holt man sie aus der Milch (am besten mit Schaumlöffel)und lässt sie auf einem großen Teller ruhen.

Zitronenschale aus der noch heißen Milch fischen und die Milch abkühlen.

Mit dem übrigen Zucker Eigelbe schaumig schlagen. In Zitronensaft die Maisstärke auflösen. Maisstärke einrühren.

Die Eigelbmasse vorsichtig in die Milch einrühren, nochmals erhitzen und eindicken, lauwarm zu den Bällchen gießen und wer mag mit Zimt bestreuen, Schokoraspeln sehen aber auch ganz hübsch darauf aus.

Bücher im Wieken-Verlag

ISBNBuchhandel 978-3-943621-28-0
ISBNAmazon 978-3-943621-23-5
ISBNE-BookKindle 978-3-943621-24-2
ISBNE-Book EPUB 978-3-943621-25-9
Lesen Sie hier,was in *Der Schwan ist tot* passiert: http://bit.ly/1K4uJkU
Dort finden Sie auch eineLeseprobe
http://bit.ly/1FpP5UP

ISBNBuchhandel 978-3-943621-43-3
ISBNAmazon 978-3-943621-44-0
ISBNE-BookKindle 978-3-943621-46-4
ISBNE-Book EPUB 978-3-943621-45-7
Lesen Sie hier,was in *Ad Enum— Unter blutigerErde* passiert:
http://bit.ly/1QUeutT
Dort finden Sie auch eineLeseprobe:
http://bit.ly/1VAVpyb

ISBNBuchhandel 978-3-943621-52-5
ISBNAmazon 978-3-943621-51-8
ISBN E-BookKindle 978-3-943621-53-2
ISBN E-BookEPUB978-3-943621-54-9
Lesen Sie hier,was in *Leichenschatten* passiert
http://bit.ly/2KoNpl9
Dort finden Sie auch eineLeseprobe:
http://bit.ly/2KoNvJx

Weitere Bücher und Dienstleistungen des Wieken-Verlag finden Sie auf der Internetseite desVerlags http://www.wieken-verlag.de.